Schirner Verlag

## Der Autor und Illustrator

Roland Scholz, von Beruf Grafiker, ist zusammen mit seiner Frau seit vielen Jahren im idyllisch gelegenen Forsthaus Scheuren in der Eifel als Schamane tätig. Dort feiern sie mit vielen Gleichgesinnten und Interessierten die keltisch-germanischen Jahresfeste, halten jedes Jahr ein zweiwöchiges indianisches Sommercamp, machen Schwitzhütten und bieten Seminare zu verschiedenen Themen an.

## Das Buch

Eingänge in die Anderswelt • Landschaften der nichtalltäglichen Wirklichkeit • Orte der Kraft • und ihre Wesen

In unserer alltäglichen Wirklichkeit mit ihrem Lärm, ihrer Hektik und der Hetzerei nach Erfolg ist es nicht immer einfach, einen Zugang zu schamanischem Wissen zu bekommen. Mit diesem Buch sollen Tore geöffnet werden, die den Blick darauf freigeben, wie die Welt hinter der Welt aussehen könnte (jeder von uns hat natürlich seine eigene), wie sie betreten werden kann, und welche Techniken dazu eingesetzt werden können, ohne daß der Pilger gleich ein schamanisches Ausbildungsprogramm durchlaufen müßte. Es ist ein sehr persönlicher, vor allem aber einfacher Zugang, der jedoch vielleicht auch dem erfahrenen Reisenden noch neue Möglichkeiten aufzeigt.

Roland Scholz

# Tore zur Anderswelt

Einblicke in eine andere Wirklichkeit

Schirner Verlag

ISBN 3-89767-128-X


Erste Auflage



Umschlag: Murat Karaçay
Satz: Roland Scholz, Murat Karaçay, Kirsten Glück
Redaktion: Kirsten Glück
Herstellung: Legoprint S.p.A., Lavia (Italia)

Printed in Italy

# Inhaltsverzeichnis

# Vorwort

Ich kenne Roland Scholz und seine Frau Ulla schon seit einigen Jahren: 1995 verbrachte ich bei ihnen mein erstes schamanisches Sommercamp, das von Patty und Larson Medicinehorse, ersterer Sonnentanzhäuptling der Crow-Indiander und letzterer Sheriff von Big Horn County/Montana, gehalten, aber von Roland und Ulla mit getragen wurde. In dieser Zeit fing ich an, meine Erdkraft zu entdekken, sie zu entwickeln und zu heilen; die Tore der lebendigen Erde und ihre Geschöpfe begannen, sich mir zu zeigen und zu öffnen. Im und um das Forsthaus Scheuren, in dem Roland und Ulla leben, lernte ich die acht Feste des Jahreskreises kennen, die dort seit nun über 13 Jahren rituell gefeiert werden, und ich lernte, die Zyklen und Kreise von Mutter Erde und ihrer Wesen wirklich zu verstehen und mit jedem Jahreskreis tiefer in sie einzutauchen. Mittlerweile sind die Jahreskreisfeste sowie die Elemente und ihre Kräfte ein fester Bestandteil meines Lebens geworden. Dieser Ort, die Menschen, denen ich dort begegne, die Wesen und die Kräfte haben einen festen Platz in meinem Herzen bekommen. Gerne und mit viel Freude gehe ich immer wieder dorthin.

Roland ist für mich ein Mensch mit einer außerordentlichen spirituellen Energie. Er ist ein wunderbarer schamanischer Begleiter, der den Menschen einen Raum eröffnet, in dem sie diese Kräfte für sich entdecken und entwickeln können. Durch seine Arbeit öffnet er tatsächlich Türen und Tore in die Anderswelt. Damit beginnt die Heilung der Natur, unserer Natur, der göttlichen Natur, der wahren Natur des Geistes. Dieses Tor öffnete er auch für mich, und dafür bin ich ihm von ganzem Herzen dankbar. Aus einigen der unter seiner Anleitung gewonnenen Erfahrungen ergab sich ein großer Teil meiner später nachfolgenden Arbeiten.

Eines Tages, als ich gerade an meinem Buch über Naturgeister schrieb, bat mich Roland in sein Arbeitszimmer. Dort zeigte er mir die ersten Bilder nach der Methode, wie Sie sie in diesem Buch kennenlernen werden. Was in diesem Moment in mir passierte, kann ich kaum beschreiben. Erstmalig sah ich auf Bildern genau das, was ich oft vor meinem geistigen Auge und auch in der Natur gesehen und empfunden habe. Es war ein Moment des Glücks, der tiefen inneren Rührung, der Offenbarung und der größten, reinsten und tiefsten Freude. Diese Bilder ließen mich wochenlang einfach nicht mehr los. Es faszinierte mich, daß alle Informationen über einen Platz und seine Bewohner in einem Bild enthalten sind, und zwar in Farben, Formen und Schwingungen. Durch die von Roland entwickelte Vorgehensweise werden die Wesen der Natur, die Kräfte und Energien sichtbar gemacht.

Rolands Methode ist für mich zu einem der wundervollsten und wichtigsten Werkzeuge bei meiner eigenen Arbeit geworden. Ich habe sie seither oft bei den verschiedensten Angelegenheiten praktisch angewandt, z.B. bei der Heilung von Plätzen und Häusern, in der Kommunikation, zum schamanischen Reisen, um den Wesen zu danken, die mit mir arbeiten, um Altäre in der Natur anzulegen oder anderen Menschen die Welt der Naturwesen näher zu bringen. Sie ist ein wundervolles Mittel und eine Ergänzung, um die Tore, die

Geister und die Wesen an Plätzen, in Häusern, bei Menschen, Tieren, Pflanzen, Steinen, Mineralien und den verschiedensten Orten sichtbar zu machen. Sie kann sogar im weitesten Sinne für das Arbeiten mit Menschen angewandt werden, indem man z.B. das Gesicht, Wunden, Narben ... aufnimmt und mit den Wesen, die durch diese Methode sichtbar werden, in Kontakt tritt, um ihrer Botschaft zu lauschen. Diese Methode ist, ob mit Spiegel oder am Computer ausgeführt, schnell, sicher und für jeden zugänglich, auch für Menschen, die sich noch nicht mit den Wesen der Natur beschäftigt haben. Ich glaube, die Möglichkeiten, die in dieser Arbeitsweise liegen, sind erst dabei, sich zu entfalten.

Seitdem Roland mir diese Bilder zeigte, habe ich immer einen Spiegel mit einer geraden Schnittfläche in meiner Tasche (weil ich mich mit Computern nicht so auskenne), der mir hilft, die sichtbare und die unsichtbare Wirklichkeit zusammenzufügen, und mir zusätzlich offenbart, was sich in der Natur der Dinge an Wesen und Energien verbirgt. Stecke ich den Spiegel wieder weg, nachdem ich Tore und Wesen gefunden habe, so sehe ich sie weiterhin deutlich und kann mit ihnen Verbindung aufnehmen. Auch umgekehrt habe ich mittlerweile schon öfter erlebt, daß ich zunächst innerlich an einen Platz in der Natur reiste, und als ich dann den Spiegel zückte, fand ich in meiner Umgebung das, was ich auf der Reise gesehen hatte. Wenn ich hingegen umfangreichere Rituale an einem Platz durchführe, fotografiere ich die Landschaft und arbeite nach der Entwicklung der Fotos mit Bildern und Spiegel.

Ich danke Roland aus tiefstem Herzen für die Entwicklung dieser wertvollen Hilfe und dafür, daß er sie durch dieses wunderbare Buch in die Welt gibt und vielen Menschen damit die Tore in die Anderswelt öffnet. Auf diese Weise kann sich unser Herz wieder mit dem der Natur verbinden. Die kindliche Freude, das Staunen über die Wunder und Wesen in der Natur werden uns damit wieder geschenkt. So kann der Bund mit Mutter Erde und ihren lebendigen Wesen erneuert werden.

Vielen Dank, Roland!

Jeanne Ruland

## Überblick

In diesem Buch werden einige vollkommen neue Methoden aus dem Bereich Schamanismus vorgestellt und deren praktische Anwendung erläutert. Es geht um alte schamanische Destinationen, Reiseziele – um in der Terminologie des Reisens zu bleiben – die wir auf neuen Wegen erreichen können.

**Die Destinationen**

1. Tore zur Anderswelt
2. Divination – Weissagung/Orakel
3. Schilde/Amulette
4. Kraftorte
5. Wesen/Naturgeister

**Die Wege**

1. Spiegel
2. Kamera
2. Computer, Bildbearbeitungsprogramm
4. Tonträger
5. Dieses Buch selbst

**1. Tore zur Anderswelt**

- Beschreibung des Findens: Lieblingsplatz in der Natur fotografieren, Bild scannen, Ebene duplizieren, spiegeln, nachbearbeiten
- Wächter und der Umgang mit ihnen
- Hymnen, Gebete, Geschenke

**2. Divination – Weissagung/Orakel**

- Mitte des gespiegelten Bildes »auslesen«
- Vergangenheit & Zukunft, die eigene Geschichte finden

**3. Schilde/Amulette**

- Mitte des gespiegelten Bildes drucken: Amulett verfertigen, Bild auf persönlichen Altar stellen oder in Medaillon setzen
- Die Geschichte meiner Siege und Niederlagen führt zu meiner Stärke, zu meinem Schutz

**4. Kraftorte**

- Platz in der Natur, wo Kraft gespürt wird, fotografieren
- Bild scannen, virtuellen Ort schaffen
- Ort bestimmten Zwecken zuordnen, z.B. Kraft tanken, Klarheit gewinnen
- Evtl. mehrere Orte für verschiedene Bedürfnisse schaffen
- Ort weihen
- Rahmenbedingungen schaffen
- Warten, bis der »Sog« einen ins Bild zieht
- Rückreise nach einer vorher festgelegten Zeit oder nach Erreichen des gesteckten Ziels

**5. Wesen/Naturgeister**

- Bild scannen
- Eulenblick anwenden
- mit Aufhellen und Abdunkeln (nicht Hineinmalen) das Gesehene hervorheben

# Einführung

Die ersten Anfänge, die zum Zusammenstellen dieses Buches führten, entstanden im Spiel, in zweckfreiem, absichtslosem Spiel, wie es Kinder spielen. Ich vermute, daß es ebendieser kindliche Blick war, dem sich die Wesenheiten geöffnet haben.

Die hier vorgestellten Methoden beruhen ausschließlich auf persönlichen Erfahrungen, sind aber leicht nachvollziehbar und von großem praktischem Nutzen. Die Wirksamkeit erstreckt sich dabei auch auf die klassischen schamanischen Techniken. Menschen, die bisher Schwierigkeiten hatten, mit der Trommel in die nichtalltägliche Wirklichkeit zu gelangen, schaffen es, die Tore zu passieren, wenn sie sich mit den hier vorgestellten Techniken beschäftigen. Für diese Menschen kann das Buch eine Art Schlüssel sein. Für andere führt es zur Freisetzung des eigenen schöpferischen spirituellen Potentials. Die Techniken können aber auch einfach eine neue, andere Art des schamanischen Reisens sein, ein Beweis für die flexible Kraft, die Lebendigkeit des Schamanismus.

Neben den hier vorgestellten nützlichen Techniken ist dieses Buch auch eine sinnliche Freude für das Auge. Der Betrachter wird in phantastische Welten mit ebenso phantastischen Wesen entführt. Das griechische Verb *phantàzesthai* bedeutet »sichtbar wer-

den«, »erscheinen« und gehört seinerseits zu *phaìnein* »sichtbar machen«. Erscheinenlassen, Eintauchen, Erfahren, das sind eben die Eckpfeiler dieses Buchs.

Von ganzem Herzen möchte ich den Wesen danken, die mich für dieses Projekt ausgewählt haben. Es ist jetzt wohl die Zeit, da die Wesen der Anderswelt sich uns Menschen wieder offenbaren. Wir sagen dann dazu: Da hatte ich eine gute Idee/einen tollen Einfall, oder: Ich war kreativ. In Wahrheit werden wir ausgesucht, wenn wir bereit sind, dienen sozusagen als Kanal, durch den das, was in unsere Wirklichkeit gelangen möchte, geboren werden und Form annehmen kann.

Es ist an uns, dem Ruf zu folgen – eine nicht immer ganz leichte Sache, wie ich an meinen eigenen Widerständen erkennen konnte: Zunächst hatte ich mich für die »sichere« Seite entschieden und einen Job in einer kleinen Werbeagentur angenommen, der mir aber so gut wie keine Zeit für mich oder irgend etwas anderes ließ. Ich merkte bald, daß ich nicht für beides Zeit hatte, den Job und das Projekt, dessen Keim schon in mir reifte. Ich war gezwungen, mich zu entscheiden. Dabei gab es da auf der einen Seite die Angst, wovon ich in Zukunft leben sollte, und auf der anderen das Wissen um das, was geschähe, wenn ich einem solchen Ruf – (Beruf kommt von Berufung!) – nicht folgte.

Wenn ihr diese Zeilen lest, wißt ihr, wie ich mich entschieden habe. Hier möchte ich auch meinen Freunden danken – und unter ihnen besonders Jeanne –, denen ich die ersten Ergebnisse meiner Arbeit zeigte und die mich daraufhin darin bestärkten, meine Kraft in das Buchprojekt zu stecken.

Seit meine Entscheidung nun für meine Herzenssache gefallen ist, gerät vieles wieder in Fluß, was in den letzten Monaten ins Stokken geraten war. Ich erhalte positive Rückmeldungen aus den verschiedensten Bereichen und, den Spirits (Geistwesen) sei Dank, finde auch finanziellen Rückhalt. Es ist, als ob mich die Spirits wissen lassen wollen, daß sie meine Entscheidung unterstützen.

Für mich persönlich ist dieses Projekt eine wunderbare Gelegenheit, mein künstlerisches Schaffen mit meinen spirituellen Überzeugungen zu verbinden – wenn das denn überhaupt trennbar ist.

Ich habe erfahren, wie wertvoll schamanische Strukturen für Menschen sein können, ob wir sie nun als solche erkennen oder nicht. So hat mein kleiner Sohn einen Fuchs, der sehr viel Verschiedenes für ihn bedeutet. Das Tier ist sein Sündenbock, sein Freund, sein Ansprechpartner für Gutes und Böses, die Quelle seiner Inspiration und vieles mehr. Er wurde nicht in Schamanismus unterwiesen (er ist fünf Jahre alt), aber dennoch weiß er offensichtlich einiges über den Umgang mit Krafttieren. Es vermittelt eine tiefe Geborgenheit, wenn wir solche Schutzgeister oder Kraftplätze haben. Wir sind dann nie mehr allein und verloren in der Welt.

Nun ist es aber in unserer alltäglichen Wirklichkeit mit ihrer lauten Hektik und der Hetze nach Erfolg nicht immer einfach, einen Zugang zu diesen Dingen zu bekommen. Mit diesem Buch möchte ich Tore öffnen, die den Blick darauf freigeben, wie die Welt hinter der Welt aussehen könnte (jeder von uns hat natürlich seine eigene), wie sie betreten werden kann und welche Techniken dafür eingesetzt werden können, ohne daß der Pilger gleich ein schamanisches Ausbildungsprogramm durchlaufen müßte. Es ist ein sehr persönlicher, vor allem aber einfacher Zugang, der jedoch vielleicht auch dem erfahrenen Reisenden noch neue Möglichkeiten aufzeigt.

Ich wünsche dir nun eine spannende, aufschlußreiche Reise, auf der du viel Neues über dich und deine Welt entdeckst!

Forsthaus Scheuren, den 28. Mai 2002

Roland Scholz

# Schamanismus

Der ursprüngliche Schamanismus, der in uralter ungebrochener Tradition noch in vielen Teilen der Welt existiert, war der Stammesschamanismus. Die traditionellen Aufgaben der Schamanen umfaßten dabei hauptsächlich drei große Bereiche, die alle dem Überleben des Stammes dienten: Gesundheit, Fruchtbarkeit und Ernährung; bei letzterer kümmerten sich die Schamanen vornehmlich um die Aussöhnung mit der (verwandten) Tierseele der Jagdbeute.

Die Schamanen aus dem Altai, den Anden, den Prärien Nordamerikas und anderen Teilen der Erde erfahren wieder zunehmend Anerkennung, auch und gerade in den industrialisierten Ländern. In sibirischen Krankenhäusern z.B. kann der Patient wählen, ob er zum Doktor oder zum Schamanen geht, der dort ebenfalls praktiziert. Offensichtlich ist die Sehnsucht in uns nach den einfachen und gerade deshalb wirkungsvollen Strukturen des Schamanismus lebendig geblieben, der stets die Harmonie mit der Natur anstrebte, als deren Teil der Mensch sich damals verstand.

Unsere eigene schamanische Kultur ist vor vielen Jahrhunderten untergegangen. Aber auch hier stand sie einst in voller Blüte, wie eindrucksvolle Zeugnisse der steinzeitlichen Jägerkulturen in den Höhlen z.B. von Altamira oder Lascaux belegen. Natur war alles, was existierte, und alles wurde als beseelt begriffen. Für die Menschen der traditionellen Gesellschaften gab es nicht die Umwelt, also: »Hier bin ich, und da ist der Rest der Welt«, sondern sie begriffen die Welt als Ganzes, die Erde war ein lebendiges Wesen, unsere Mutter, die alles, was ist, hervorgebracht hat.

Jedem Eingriff in dieses Gefüge mußte eine Wiederherstellung der Ordnung folgen. Wenn der Mensch etwas nahm, mußte er sich entschuldigen und etwas geben. Er mußte den Ausgleich schaffen. Genau daran krankt die westliche Zivilisation der Gegenwart. Es gibt nur noch dieses »Ich will haben«, das Menschen über Leichen gehen läßt. Aber dadurch töten wir uns selbst, und die Welt wird ärmer an Leben.

Und genau hier liegt die Aufgabe der heutigen Schamanen, die ja im Grunde dieselbe ist wie einst. Im Verhältnis zu den Aufgaben der Stammesschamanen haben sich lediglich die Akzente etwas verschoben. Wenn ein eiszeitlicher Schamane, der in einer weitgehend unbevölkerten und von extremen Bedingungen geprägten Welt lebte, für die Fruchtbarkeit der Frauen sorgen sollte, kann man leicht nachvollziehen, warum das notwendig war. Heute würde eine ungebremste Förderung der menschlichen Fruchtbarkeit zur Katastrophe führen. Wenn wir aber Fruchtbarkeit unter dem Aspekt des Wohlergehens der gesamten Schöpfung betrachten, besteht die Aufgabe des modernen Schamanen darin, das Gleichgewicht wiederherzustellen

Betrachten wir einmal unsere Ernährung, unser Verhältnis zu den Pflanzen und den

Tieren, wird offensichtlich, wie weit wir schon entfernt sind von jeglichem Respekt vor der Schöpfung (z.B. die artgerechte Anforderungen ignorierende Massentierhaltung und Schlachtviehtransporte über Tausende von Kilometern, Verfütterung von pulverisiertem Fleisch an Pflanzenfresser, Genmanipulation bei Tieren und Pflanzen, Bestrahlung von Obst und Gemüse etc.). Den ursprünglichen Respekt wiederherzustellen, achtsam und behutsam zu sein, auch mit uns selbst, wird die Aufgabe für die Zukunft sein. Genau da ist die uralte schamanische Sicht der Welt der richtige Weg.

Eine Möglichkeit zur Ausbildung wäre, daß wir ins Amazonasgebiet oder in andere entfernte Gegenden der Erde reisen, in denen noch Schamanismus praktiziert wird, dort die Sprache lernen und dann lange Jahre zu einem Schamanen oder einer Schamanin in die Lehre gehen. Der Ethnologe Michael Harner z.B. hat genau das gemacht – und zwar war er nicht nur in einem solchen Gebiet, sondern in vielen. Dabei hat er die übereinstimmenden schamanischen Techniken, so wie sie weltweit vorzufinden sind, zusammengetragen. Seine Kenntnisse gibt er heute in der von ihm gegründeten Foundation of Shamanic Studies (Stiftung für schamanische Studien) weiter. Diese allgemeine Form des Schamanismus, die heute in der westlichen Welt schon recht weit verbreitet ist, wird als Core-Schamanismus, als Kern-Schamanismus, bezeichnet.

Gemäß dieser Lehre gibt es eine Welt hinter der alltäglichen Wirklichkeit, und diese Welt wird als nichtalltägliche Wirklichkeit oder als Anderswelt bezeichnet. Sie hat eine bestimmte Struktur: Es gibt eine Unter-, eine Mittel- und eine Oberwelt. Die Unterwelt ist der Ort der Kraft, wo auch die Krafttiere oder Schutzgeister zu finden sind. In der Mittelwelt gibt es die Pflanzenhelfer oder Hilfsgeister, und in der Oberwelt sind die spirituellen Lehrer oder Führerinnen anzutreffen.

Es ist uns möglich, in diese Welten zu reisen. Die Grenzen sind durchlässig. Unser »Reittier« oder »Reisegefährte« ist dabei die Trommel, die über einen Zeitraum von ca. 15 bis 30 Minuten in einem gleichmäßigen Takt geschlagen wird. Wir liegen während der Reise entspannt am Boden, am besten in eine Decke gehüllt, und halten die Augen geschlossen. Wenn der Takt der Trommel schneller wird, ruft sie uns zur Rückkehr. Wir betreten diese Welten nicht einfach zum Spaß, wie Touristen zum Sightseeing, sondern wir gehen immer mit einem Anliegen, einer Frage dorthin. Es sollten allerdings keine Fragen sein, die mit Ja oder Nein zu beantworten sind, und auch keine Kombinationsfragen, das und das und das auch noch, sondern eine klar formulierte Frage zu einem bestimmten Anliegen. Und noch ein Rat: Bereise die Gegenden der Anderswelt immer mit Respekt, bedanke dich für Gaben, die du erhältst, sei achtsam.

Um die Reise beginnen zu können, benötigen wir einen Einstieg. In die Untere Welt ist es meist eine Art Tunnel. Das kann irgendein Loch sein, das nach unten führt, ein Brunnen, ein Fuchsbau oder Mauseloch. Aber auch ein See oder Baumwurzeln sind geeignet. Es empfiehlt sich, immer denselben Eingang zu nehmen, wenn er sich als tauglich erwiesen hat.

Bei der ersten Reise solltest du dein Krafttier suchen. Die Frage könnte hier lauten: Wie sieht mein Krafttier aus? Du kannst sicher sein, dein Krafttier gefunden zu haben, wenn es sich von allen vier Seiten zeigt oder es sich viermal zeigt. Du kannst ein Tier, das dir auf der Reise begegnet, aber auch einfach fragen, ob es dein Schutzgeist ist. Schutzgeister sind in der Regel Tiere höherer Ordnung, selten Reptilien und noch seltener Insekten, da diese die Geistform der Pflanzenhelfer sind.

Wenn du bei deiner ersten Reise keine eindeutige Antwort erhältst, gib nicht auf, sie kommt vielleicht bei der nächsten. Es ist ganz normal, daß am Anfang Schwierigkeiten auftreten. Mach dir dann keinen Streß, der Durchbruch läßt sich nicht erzwingen. Laß dich einfach treiben, hört der Trommel zu, und versuch es zu einem anderen Zeitpunkt noch einmal.

Wenn du dein Krafttier gefunden hast, mach dich mit ihm vertraut. Diese geistige Kraft wird dein Freund. Und wie es so ist mit Freundschaften, sie wollen gepflegt werden. Reise öfter zu ihm, besuche es, vielleicht hängst du dir auch ein Bild von ihm auf. Wenn sein Fleisch auf der menschlichen Speisekarte steht, ist es für dich ab jetzt tabu.

Wenn du in die Obere Welt reisen willst, brauchst du etwas, das nach oben führt, etwa einen Baum, einen Turm oder einen Felsen. Es kann auch durchaus etwas Technisches sein. Die Geister werden wissen, was du brauchst, und dir sind keine Grenzen gesetzt. So wollen sie es. Gut ist es auch, wenn du ein fliegendes Krafttier hast, das du bei einer Reise in die Obere Welt um Unterstützung bitten kannst. Im Gegensatz zu den Krafttieren sind die spirituellen Lehrer und Führerinnen der Oberwelt nicht so eindeutig zu fassen, ihre Form bleibt oft lange ein Geheimnis. Dennoch begleiten und führen sie uns.

Es ist tröstlich und gibt uns Geborgenheit und Stärke, uns immer in der Obhut von Freunden zu wissen, die nicht von unserer Seite weichen, so lange wir sie brauchen. Sie sind der Schild, der zwischen uns und dem Abgrund steht, sie sind unsere Verbindung zu allem Lebendigen, zu Mutter Erde und zum Großen Geist.

# Kraftplätze

Wir alle kennen das: Manchmal fühlen wir uns matt und kraftlos. Meist legt sich das bald wieder, oft schon nach ausgiebigem Schlaf oder einer Ausspannphase, spätestens aber nach Beseitigung eines oder mehrerer Streßfaktoren. Es gibt aber auch Zeiten, wo wir das Gefühl haben, daß über Monate, oft sogar Jahre hinweg gar nichts mehr geht. Dann wird die kleinste Anstrengung zum unüberwindlichen Problem und läßt uns in Tränen ausbrechen. Die einen klagen, die andern werden stumm, je nach Temperament und Schwere des Zustandes.

*Nymphe*

Im schamanischen Weltbild gibt es Orte, wo wir unsere Kraft wiederfinden können, sie heißen Orte der Kraft oder Kraftplätze. Es sind Orte, an denen wir besondere Energien spüren und uns wohlfühlen, schöne, verwunschene Orte voller Zauber. Oft sind es Plätze in der Natur, an denen der Einfluß der Anderswelt besonders gegenwärtig und spürbar ist, die der alltäglichen und der nichtalltäglichen Wirklichkeit gleichermaßen angehören. Hier sind die Geister uns nahe, auch wenn wir sie nicht sehen, zumindest am Anfang noch nicht. Aber wir fühlen dort, daß sie bei uns sind.

In einer Zeit, in der es mir schlechtging, als mein Selbstwertgefühl zerstört war und meine Stärke am Boden lag, traf mich aus heiterem Himmel ein Einfall wie ein Blitz, zeigten mir die Geister, was zu tun war. Beim Ordnen und Bearbeiten meiner Fotos am Computer entstand dieses Bild eines von mir geliebten Platzes im Wald: Bei einem meiner ausgedehnten Spaziergänge im Wald hatte ich einen umgestürzten Baum gesehen, in dem sich ganz deutlich der in ihm wohnende Geist zeigte, ein Mann mit Bart und spitzem Hut. Dieses Wesen hatte ich fotografiert. Nachdem ich die Figur freigestellt (ausgeschnitten) und sie in einen neuen Hintergrund einkopiert (einhgeklebt) hatte – ein Waldtal mit Bachlauf im Sonnenschein, ein Platz, an dem ich mich sehr wohlfühle –, zeigten sich plötzlich noch andere »Mitbewohner«: eine Nymphe, ein spitznasiger Zwerg, der hermaphroditische (zweigeschlechtliche) Gehörnte.

*Selbstportrait mit Kriegermaske*

*Kraftplatz*

Einer Idee folgend fügte ich diesem Kreis der Geister ein Portrait von mir hinzu. Dieses hatte ich spielerisch mit einer Tiger-Krieger-Maske versehen, die aus dem gestreiften Muster eines Labyrinths entstanden war, das ich über mein Gesicht kopiert hatte.

Als ich mich betrachtend in diese Szenerie versenkte, lud mich der sonnenüberflutete Stein am Bach ein, auf ihm Platz zu nehmen. Nachdem ich mich gesetzt hatte, wurde mir bewußt, daß ich im Kreis der Waldwesenheiten und vor mir selbst, als Krieger, an einem Bach mit klarem Wasser im hellen Sonnenschein saß, also im Kreis derer, die in irgendeiner Weise die Ewigkeit vertraten und die mir zuhörten. Ich spürte die Größe dieses Augenblicks, ich spürte meine Stärke und meine Verantwortung. Da schämte ich mich meines Jammerns sehr und versprach ihnen und mir, damit aufzuhören und immer zurückzukommen, wenn ich dessen bedürfe. Ich war voller Dankbarkeit, ich hatte ein großes Geschenk erhalten, von dem ich wußte, daß es immer bei mir, in meinem Herzen, sein würde.

So war mir ein weiterer Weg in die Anderswelt gezeigt worden, ein Weg des Computerzeitalters. Das ist für mich ein sehr schöner Beweis dafür, daß Schamanismus nicht statisch, nicht auf eine spezielle Zeit (oder einen bestimmten Ort) festgelegt ist, sondern mit uns Menschen und unserer Entwicklung fortschreitet. Die Schamanen alter Zeit befestigten Eisenplättchen, damals ein neuer und moderner Werkstoff, an ihren Gewändern der Kraft. Diese Plättchen sollten ihrer Träger Herrschaft über dieses Material symbolisieren. Nun, wir werden uns Chips an unsere Kleider heften und den Computer als Hilfsmittel wählen, um die Orte unserer Kraft zu finden und in sie einzutauchen.

## Die Arbeitsweise

Grundsätzlich habe ich nur die vorhandenen Bildinformationen verwendet, habe nichts hineingemalt. Für die Darstellung des Kraftplatzes habe ich zwei Fotos verwendet: als Hintergrund das Bild vom Waldtal mit Bachlauf und das Bild des verwitterten Baumes.

Durch Aufhellen und Abdunkeln habe ich »Strukturen« hervorgehoben oder zurückgedrängt oder das Bild verzerrt und, was sich so zeigte, zum Teil ausgeschnitten und in Kollagetechnik neu zusammengesetzt.

So verbinden sich offenkundig anwesende Formen mit den durch diese Methoden erst sichtbar gemachten Erscheinungen zu einem Zusammenspiel aus Wesenheiten an einem Ort, der sowohl virtuell wie auch real ist. Ein solcher Ort weist die Eigenschaften auf, die im traditionellen Schamanismus als Anderswelt oder nichtalltägliche Wirklichkeit bezeichnet werden. Dem virtuellen Ort und dem Kraftplatz in der Anderswelt ist gemeinsam, daß wir sie begehen, in sie »eintauchen« können.

Während die »klassische« schamanische Reise zum Schlag der Trommel am Boden liegend praktiziert wird, wobei wir einen Tunnel als Eingang benutzen, bieten sich uns hier andere Möglichkeiten. Es gibt da sicherlich mehrere, die herauszufinden der Phantasie eines jeden Reisenden selbst überlassen bleibt. Einen Vorschlag aber möchte ich machen:

## Schamanisches Reisen im Computerzeitalter

- Wähle zuerst einen Ort in der Natur oder auch in der Stadt, der dich besonders anspricht. Das können zu verschiedenen Zeiten immer andere Stellen sein.
- Fotografiere ihn, und bringe das Foto in deinen Computer (durch Einscannen oder Laden, wenn du das Bild mit einer Digitalkamera aufgenommen hast).
- Bearbeite es in etwa in der zuvor beschriebenen Weise (Aufhellen/Abdunkeln von Strukturen, Verzerren, Ausschneiden, Wiedereinkopieren etc.).
- Verdunkle den Raum, in dem du mit deinem Computer arbeitest, und sorge dafür, daß du ungestört bleibst.
- Wähle eine Musik, sanft oder hart, laut oder leise, die gerade zu deiner Stimmung paßt.
- Nun nimm vor deinem Bildschirm Platz, am besten in einem bequemen Sessel, und mach es dir gemütlich.
- Halte den Blick unverwandt auf den Bildschirm geheftet, laß dich von der Musik tragen, bis du einen Sog spürst.
- Laß dich von dem Sog ergreifen und ins Bild ziehen.
- Erkunde dort, wo du dich aufhältst, alles, streife umher, rede mit den Wesenheiten, die dort sind, erzähl ihnen von dem, was dich bedrückt, stell deine Fragen, bitte um Hilfe, biete deine Hilfe an. Sei dabei stets voller Dank, Respekt und Achtsamkeit.
- Kehre zurück, wenn die Musik beendet ist oder wann du möchtest – aber kehre zurück.
- Speichere das Bild, vielleicht möchtest du ja noch einmal dorthin reisen, vielleicht aber wirst du auch dorthin gerufen.

# Ein Tunnel-Eingang in die Anderswelt

*Die Bilder rechts und links enthalten die Bildinformationen des Bildes »Kraftplatz«. Es wurde nichts hinzugefügt und nichts weggelassen, lediglich verändert. Inhaltlich zeigt das Bild links, wie ein Einstieg in die Anderswelt aussehen könnte, und das Bild rechts, wie eine Landschaft sich zeigen könnte.*

# Tore

Tore zeigen sich
von der Göttin bewacht
von Geistern beschützt

Tempel der Natur
für Menschen gedacht
für Menschen gemacht

Tore und ihre Wächter

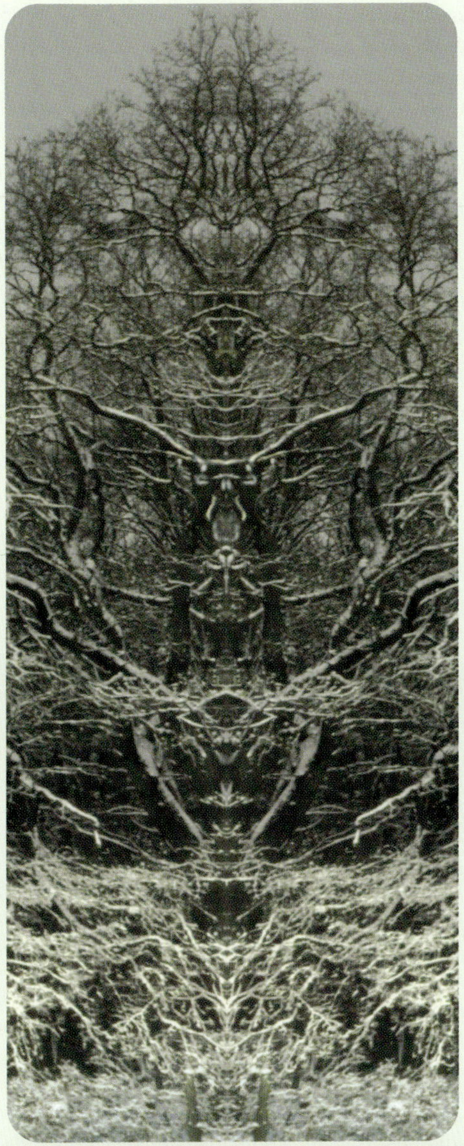

Wächterin der weißen Welt!
Du stehst im Haag,
du birgst das Tor,
du Herrscherin der Stille.

Kein Vogel singt dir ein Lied
in winterkaltem Land.
Doch der Mond steht hell
und zeigt den Pfad.

Durch dich,
du Königin im Schnee,
tret ich jetzt ein
ins andre Land.

## Eine Orakelmethode

Eines Nachts, wieder einmal am Computer, geschah es. Ich hatte es mir so richtig gemütlich gemacht, eine schöne Musik aufgelegt, und ich hatte auch keinen Zeitdruck. Bei dem Bild, mit dem ich gerade arbeitete, brauchte ich ein Querformat. Da ich aber nichts abschneiden wollte, entschloß ich mich, die Ebene zu duplizieren (das Bild zu verdoppeln) und an der Längsachse zu spiegeln. Nach und nach erst begriff ich, was da entstanden war.

Folgendes war geschehen: An der Achse, wo die beiden Bilder, das Original und seine Spiegelung, aneinandergrenzten, war etwas vollkommen Neues, etwas Eigenes entstanden. Strukturen, wie sie in Kirchenfenstern zu finden sind, zeigten sich, geometrische Formen, Masken, Tiergestalten, Phantasiewesen, Bekanntes und Absonderliches.

Aber alles, ob fremd oder vertraut, sprach mich merkwürdig intensiv an, schien einen eigenartigen Bezug zu mir zu haben. Es mußte auch nicht gesucht werden, alles sprang mich förmlich an. Da waren Geschichten aus meiner Kindheit, Landschaften zum Träumen, Orte des Rückzugs, Verstecke. Ich erblickte Ikonen, lieblich und zum Fürchten, sah alte Verwundungen meiner Seele, ich spürte die Freude über einen errungenen Sieg ...

Das hörte gar nicht mehr auf. Die Bilder gerieten in Bewegung. Ein Film lief ab, mein Film, mein Lebensfilm, mit dem dazugehörigen Wissen, den Erfahrungen und vor allen Dingen den dazugehörigen Gefühlen. Tief ergriffen kamen, mir die Tränen.

Ich erkannte, daß mir eine Methode geschenkt worden war, die einen Zugang zur Seele öffnet, die helfen kann, alte Verletzungen zu erkennen, darüber nachzudenken und sie schließlich zu heilen.

## Das Verfahren

- Fotografiere deinen Lieblingsplatz in der Natur, oder wähle das Bild eines dir bekannten Ortes, der dich besonders anspricht.
- Jetzt brauchst du einen Computer, einen Scanner, wenn du nicht mit einer Digitalkamera fotografiert hast, und ein Bildbearbeitungsprogramm. (Eine Methode, wie du solche Bilder auch ohne Computer finden kannst, ist im Anhang erklärt.)
- Scanne das Bild, dupliziere und spiegele es. Kopiere die beiden Bilder nun an verschiedenen Kanten aneinander.
- Wähle eine zu deiner Stimmung passende Musik, versenke dich in das Bild, vergrößere mal den einen Bildbereich, mal einen anderen, und laß dich überraschen.
- Interpretiere die gefundenen Strukturen und Bilder, wie du einen Traum deuten würdest: Deute die Symbole; stelle Zusammenhänge zu gegenwärtigen und vergangenen Erlebnissen her; prüfe die Gefühle, die bestimmte Bereiche in dir auslösen; denke darüber nach, warum das so sein könnte usw.

# Der Schild

Wir haben durch die Orakelmethode mit dem Seelenbild einen Bereich unserer inneren Landschaft sichtbar gemacht, der für uns eine ganz spezielle Bedeutung hat, die uns auch bewußt ist. Dieses Wissen um unsere Kämpfe, um unsere Siege und vor allem aber auch unsere Niederlagen führt uns in unsere Kraft. Daß wir der Wahrheit ins Auge sehen, macht uns stark. Genau das geschieht, wenn wir uns mit der Deutung des gefundenen Bildes beschäftigen und seine Botschaft annehmen.

So kann dieses Seelenbild, das auf seine Weise unser Innerstes spiegelt, auch zum aktiven Schutz als Schild verwendet werden, führt die Offenlegung unserer größten Verletzlichkeit zu unserem besten Schutz. Zwar können unsere Mitmenschen dieses Bild auch sehen, es fehlt ihnen aber das Wissen, um die inneren Zusammenhänge zu entschlüsseln, die nur uns bekannt sind. Es wird für sie stets ein geheimnisvolles Bild sein; und das ist gut so und soll auch so bleiben.

## Der Gebrauch des Schildes

Bei einem Schild ist es nicht seine physikalische Beschaffenheit, die uns schützen soll, sondern es sind seine inneren Eigenschaften. Diese sollen uns Kraft verleihen, unsere Seele stark machen. Indianische Schilde hätten gewiß keinen Pfeil oder gar eine Kugel aufgehalten. Dazu waren sie auch nicht da. Ihre Kraft lag in ihrer »Medizin«, ihrer Magie. Sie sagten etwas aus über den Menschen, der sie trug.

Unseren Schild verfertigen wir, indem wir erst einmal einen Farbausdruck unseres Seelenbildes machen. Die äußere Form ist eher unwichtig, allerdings passen runde und ovale Formen besser in unsere Vorstellung von einem Schild. Wer möchte, gibt seinem Schild einen schönen Rahmen. Die künstlerisch oder handwerklich Begabten können das Bild auf ein Stück Leder übertragen* und zusätzlich noch Dinge daran befestigen, die zu der persönlichen Geschichte gehören.

Ist der Schild fertig, stellen wir ihn dorthin, wo wir das aufbewahren, was für uns von Bedeutung ist (das kann der Nachttisch sein, eine Ecke auf der Kommode, ein Hausaltar etc.). Wer keine solche Ecke hat, sollte sich eine einrichten, am besten dort, wo er sich viel aufhält, aber nicht alle Besucher vorbeikommen. An einem solchen Platz können wir die Gegenwart des Schilds fühlen, und er kann seine schützende Kraft entfalten. Je mehr wir uns seiner (unserer!) Kraft bewußt sind, desto geborgener werden wir uns fühlen.

Eine andere Möglichkeit wäre, das Bild oder einen Ausschnitt so zu verkleinern, daß du es/ihn in ein Medaillon setzen und als Amulett um den Hals tragen kannst. In diesem Fall würdest du den Schild, wie es sich eben für einen Schild gehört, vor dir hertragen.

** Du kannst das Bild z.B. abmalen. Das geht recht einfach, wenn du mit Lineal und Bleistift ein Gitternetz über den Ausdruck (oder eine Vergrößerung) ziehst und es dann Quadrat für Quadrat auf die neue Trägeroberfläche überträgst.*

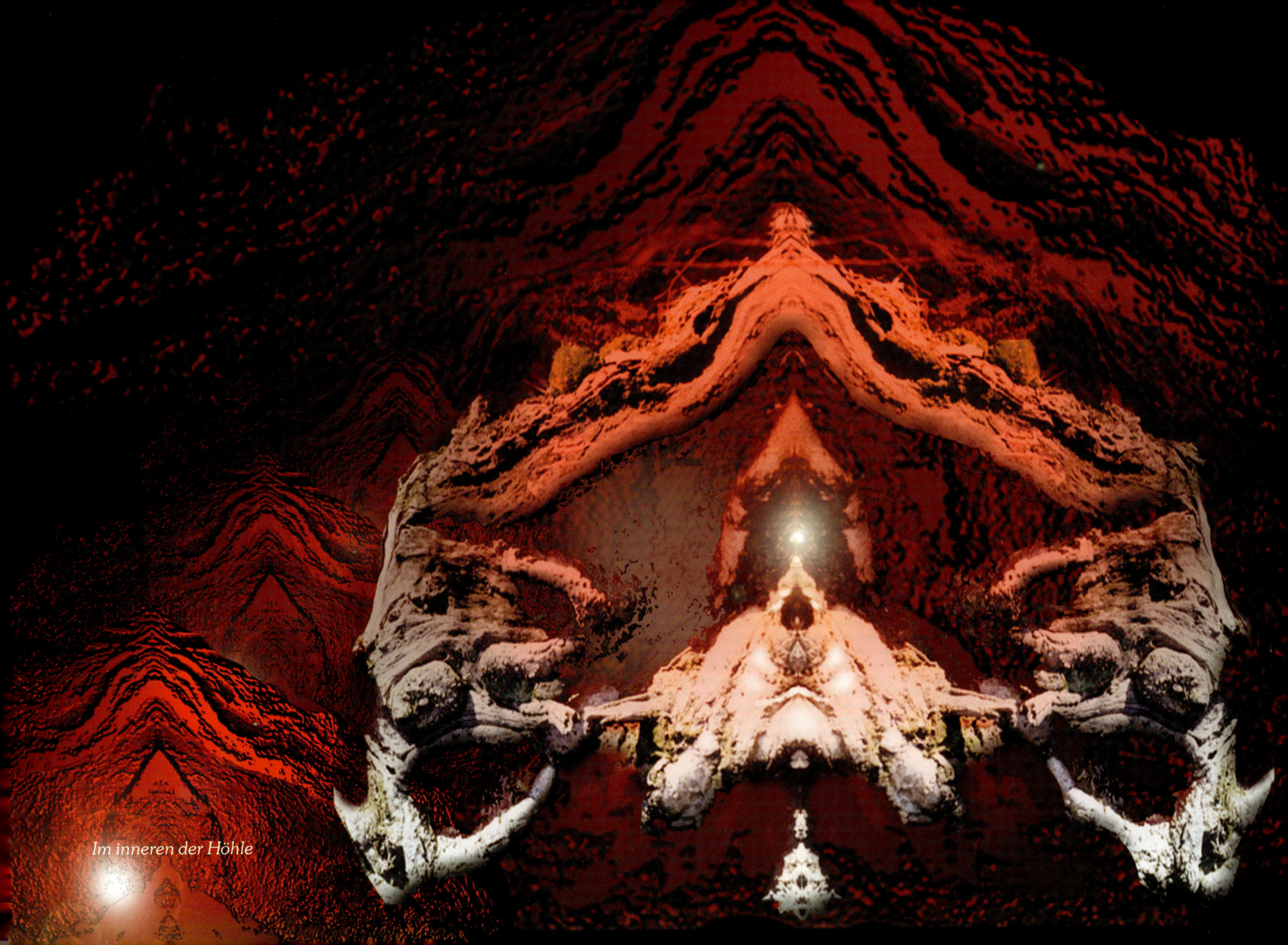
Im inneren der Höhle

*Verborgen im Apfelbaum bewachen die Böcke den Eingang zur Anderswelt*

### Zeichen

Zeichen – uralt
in den Tempeln
unserer Wälder.

Zeichen –
von Kinderfingern
in Staub geschrieben.

Wer kennt die Deutung?

Zeichen –
bekannt, vertraut
und doch so fern.

Zeichen –
die unsere Seele
sieht und kennt,

führen uns zur andern Welt

*Wunderschön verzierte Tore führen in das Land der Jugend, wie die Kelten die Anderswelt bezeichneten.*

Höhle

## Reise in die Unterwelt

*Ein persönlicher Reisebericht von einer Fahrt in die Unterwelt vom November 1990, bei der ich meinen Schutzgeist, den Wolf, fand (eine »klassische« schamanische Reise)*

Diese Reise unternahm ich zu einer Zeit, da ich mich mit dem Tod beschäftigte und die Möglichkeit eines immens hohen Alters nicht ganz ausschloß, nach dem Prinzip: Wenn ich eine Aufgabe habe, die 1000 Jahre dauert, muß ich eben so alt werden – körperlich und in der alltäglichen Wirklichkeit!

Als Einstieg wähle ich einen trockenen Brunnen in einer alten Burgruine. Er ist mit modrigen Balken und Steinen halb verschüttet. Ich muß zuerst einmal Aufräumarbeit leisten, bis ich am feuchten Grund ankomme, wo es zunächst nicht weitergeht. Dann halte ich eine Querschnittzeichnung in der Hand und erkenne, daß sich seitwärts Höhlen befinden. Ich tauche ab und schwimme durch diese wassergefüllten Stollen, bis mich ein gigantischer Wasserfall über einer hellen, tropischen Welt ausspuckt.

Ich sitze jetzt auf einem Flugsaurier und fliege mit ihm über einen türkisfarbenen See. Wir folgen einem Flußlauf, der von dichten Wäldern gesäumt wird. Auf einer Lichtung entdecke ich eine an einen Pfahl gefesselte weißgewandete Gestalt, die von Gestalten in schwarzen Kutten umtanzt wird. Ich will sofort eingreifen, entschließe mich dann aber, vorsichtig zu sein und erst einmal abzuwarten. Von einem Felsvorsprung aus beobachte ich das Geschehen.

Ich taste nach meinem Schwert, das ich bei einer früheren Reise erhalten habe, und stelle beruhigt fest, daß es sich auf meinem Rücken befindet. Plötzlich fällt ein Lichtstrahl durch den Diamanten in seinem Griff, schießt gebündelt nach unten, direkt vor die Füße der gefesselten Gestalt. Die Tanzenden verschwinden im Wald.

Ich befreie die Gestalt und enthülle ihr Gesicht. Zunächst ist es das Gesicht meiner Mutter, aber im Sinne von Mutter überhaupt, dann ist es das Gesicht des Todes. Es entsteht folgender Dialog:

Ich: Wer hat dich gefangen?
Tod: Die schwarzen Kapuzen.
Ich: Und ich habe dich befreit.
Tod: Ja.
Ich: Ist das gut?
Tod: Ich weiß es nicht.
Ich: Hätten die schwarzen Kapuzen dich besiegen können?
Tod: Ja.
Ich: Wäre das gut?
Tod: Ich weiß es nicht.
Ich: Warum wollen sie nicht sterben?
Tod: Weil sie Angst haben.
Ich: Was geschieht, wenn man stirbt?
Tod: Du trittst durch mich hindurch, das ist alles.
Ich: Ich habe dich befreit, kannst du mir mein Krafttier zeigen?
Tod: Ja, komm!

Wir klettern über Bergpfade, waten durch Sümpfe, stapfen durch Wüsten. Dann fliege ich immer schneller über den Sand auf die tiefstehende Sonne zu. Sie saugt mich ein und katapultiert mich auf einen dunklen, ruhigen Planeten.

Auf einer großen, schwarz glänzenden Ebene steht ein kleiner Marmortempel. Darin wartet ein Wolf. Ich frage ihn, ob er mein Krafttier sei. Er schaut mich schelmisch von der Seite an und sagt lachend:

»Ja, ich bin´s schon.«

Wir laufen und spielen auf dem dunklen Planeten, und sogar die schwarzgläserne Oberfläche tanzt in Wellen und freut sich mit an unserem Spiel.

Durch die Sonne kehren wir zurück in das Tal am See. Hier geht das Spiel weiter mit Jagen, Schwimmen und Erkunden. Dann macht sich der Hunger bemerkbar. Wir verzehren ein Kaninchen, das der Wolf gefangen und das ich gebraten habe. Weiter geht die Erkundung im Tal. Vor einer großen Höhlenöffnung frage ich den Wolf, wohin die führe.

»Woandershin. Wir werden später einmal dorthin gehen«, gibt er mir zur Antwort.

»Was kannst du besonders gut?« will ich wissen.

»Frühzeitig Gefahren wittern«, sagt er.

Ich frage ihn: »Wirst du mich warnen?« Als er bejaht, verspreche ich, oft mit ihm zu laufen.

Die Trommel ändert den Rhythmus. Ich bedanke mich, verspreche, bald wiederzukommen, und kehre ins Hier und Jetzt zurück.

*Figur in einem balinesischen Tempel*

## Andere Länder, andere Geister

In anderen Teilen der Erde sehen die Spirits anders aus. So wie die Menschen, die Bäume, die Tiere sich von Kontinent zu Kontinent unterscheiden, so unterscheiden sich auch die Geistwesen. Unabhängig davon, auf welche Weise wir sie sichtbar machen – wobei die Seele des Schauenden teilnimmt und damit Einfluß ausübt –, offenbaren sie sich in ihrer unverkennbar eigenen Art. So wird es zum geistig-spirituellen Abenteuer, die letzten Urlaubsfotos einmal auf ihre Anwesenheit und die Unterschiede zu den Spirits in unseren heimischen Gefilden hin zu untersuchen.

*Die drei Bilder auf den Seiten 40–42 stammen aus Bali.*

*Christliches Gebet:*

Vater unser,

der du bist im Himmel,
geheiligt werde dein Name.

Dein Reich komme.

Dein Wille geschehe,
wie im Himmel,
so auf Erden.

Unser täglich Brot gib uns heute,
und vergib uns unsere Schuld,
wie auch wir vergeben
unseren Schuldigern.

Und führe uns nicht in Versuchung,
sondern erlöse uns von dem Bösen.

Denn dein ist das Reich
und die Kraft
und die Herrlichkeit
in Ewigkeit.

Amen

Auch wie der Mensch seinen Gott/ seine Göttin preist, hängt von dem Ort ab, wo erlebt, von der Zeit, in der er lebt, und von den Umständen, unter denen er lebt

*Indianisches Gebet:*

Großes Geheimnis, Großer Geist,

dich wollen wir achten.

Wir erfreuen uns deiner Harmonie.

Wir beten in Respekt,
Vater Himmel, Mutter Erde.

Wir bitten euch um die Nahrung,
die wir zum Leben brauchen.

Wir bitten euch, uns in der
Schwitzhütte zu reinigen, wenn
wir falsche Dinge getan haben.

Wir wollen im Einklang leben mit
der Schöpfung.
Wir wollen den Weg des Herzens
gehen.

Denn du, Großes Geheimnis,
bist in allem, was ist.

Aho

Im Himmel webt die Spinne ihr Netz,
fängt meinen Traum,
den ich träumte,
von Donner und Blitz

*Die Bilder auf den Seiten 48 bis 51 entstanden aus Aufnahmen aus der Samariaschlucht auf Kreta. Diese scheint, mehr noch als andere Orte, voller Tore, Wesenheiten und heiligen Plätzen zu sein.*

# Die vier Elemente

Die vier Elemente Erde, Luft, Feuer und Wasser stellen in der antiken Naturphilosophie die Bausteine der körperlichen, vergänglichen Welten dar. Als zusammenfassendes und übergeordnetes fünftes Element, als Quintessenz (fünfte Wesenheit), verkörpert der Äther das Unvergängliche.

Obwohl uns vordergründig die Bedeutung der einzelnen Elemente klar ist, fällt es uns dennoch schwer, das Wesentliche auf einer tieferen Ebene zu beschreiben, weil es von grundlegender Bedeutung für alles Existierende ist. Die vier Elemente sind verbunden mit den lebenspendenden Kräften des Kosmos und gehören zu den Grundvoraussetzungen unserer Existenz. Ja, man könnte sogar sagen, wir Menschen sind definiert durch die Elemente, die uns ausmachen, und zwar je nach der unterschiedlichen Zusammensetzung in uns – der eine hat z.B. viel Feuer, ist also sehr lebhaft, der andere mehr Erde, ist ein eher ruhiger Typ, der dritte hat viel Wasser mitbekommen, wird oft vom Gefühl überschwemmt, und der vierte ist voller Luft, er läßt sich nicht fassen. Dabei wirken die vier Elemente auf vielen verschiedenen Ebenen: der körperlichen, der seelischen,

*Die vier Elemente bilden das Kreuz, das Viereck der Welt*

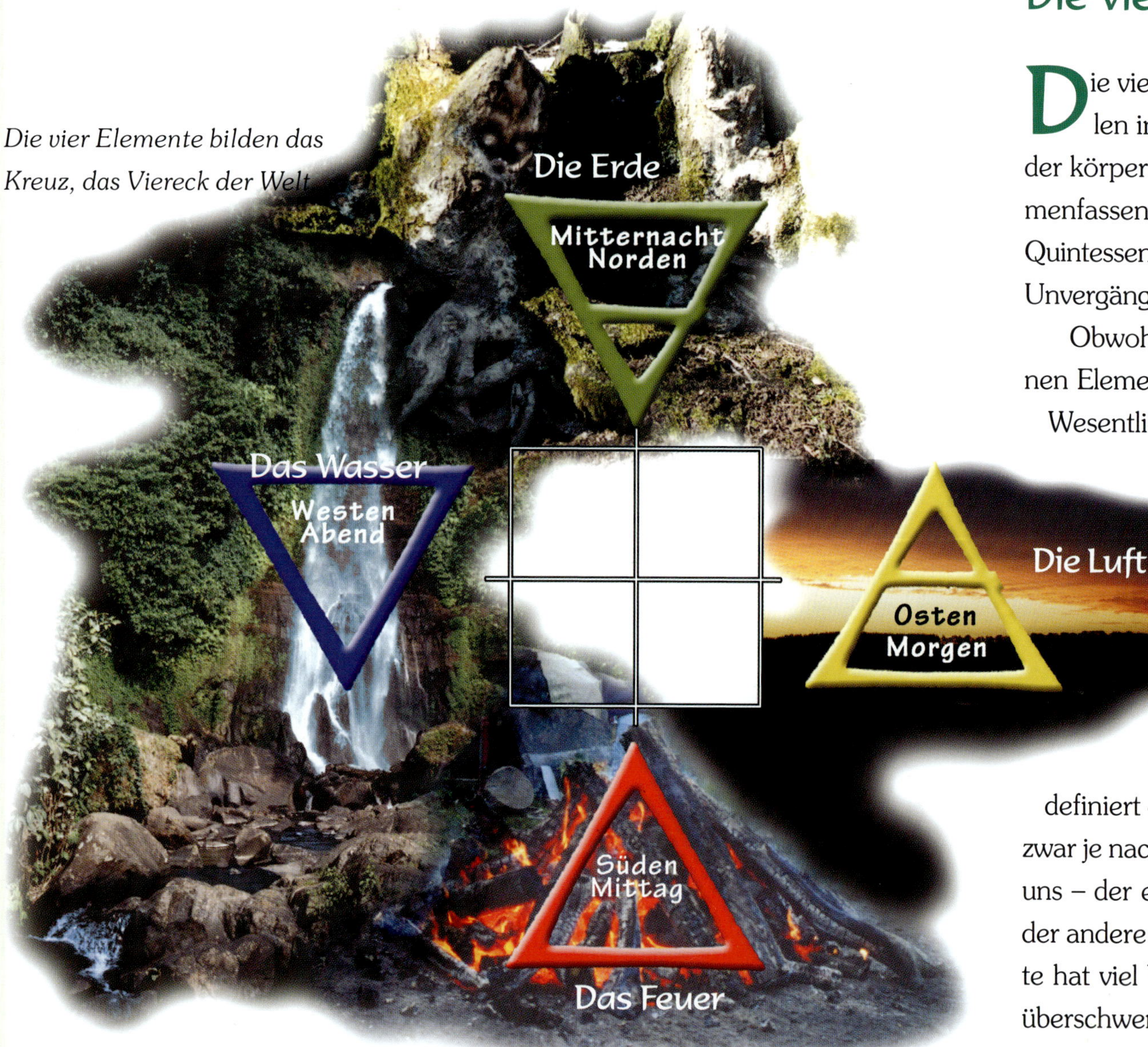

der mythischen, der religiösen, der magischen, der künstlerischen, der kulturellen usw.

Im praktischen Umgang mit den Elementen hat sich eine symbolische Zuordnung herausgebildet, die uns im alltäglichen Leben ein effektives Instrument an die Hand gibt, das wir bei unseren Zeremonien verwenden, zum Heilen von Krankheiten einsetzen, zum Gelingen unserer Projekte bemühen, zum Meditieren verwenden, das unserem Denken Ordnung verleiht, bis hin zum Einfluß auf die Architektur und viele andere Bereiche des Lebens.

## Die Zuordnungen

### Erde

Weiblich, fester Aggregatzustand; Arbeit, Ergebnisse, Produkte, Körperlichkeit, Fundament, Sicherheit, Erdverbundenheit, Selbstbewußtsein, Dauerhaftigkeit, Anhaftung

### Wasser

Weiblich, flüssiger Aggregatzustand; Seele, Unbewußtes, Gefühle, Stimmungen, Illusion, Heilung

### Feuer

Männlich, plasmatischer (zähflüssiger) Aggregatzustand; Wille, Lebensenergie, Sonne, göttlicher Funke, Begeisterungsfähigkeit, Selbstvertrauen, Macht, Tatkraft, Kreativität

### Luft

Männlich, gasförmiger Aggregatzustand; Wissen, Bewußtheit, Intellekt, Entscheidung, Kontakt, Kommunikation, Sprache, Klarheit, Freiheit, Vielseitigkeit

### Elementargeister

Nach Paracelsus (Theophrastus Bombastus von Hohenheim, 1493–1541) sind diesen Elementen bestimmte Gruppen von Elementargeistern zugeordnet:

**Luft:** die Sylphen mit ihrem König Paralda

**Feuer:** die Salamander mit ihrem König Djin

**Wasser:** die Undinen und Nymphen mit ihrem König Nikisa

**Erde:** die Gnome, die Wissenden, mit ihrem König Ghob

### Ein Lied aus neuerer Zeit

Erde ist mein Körper,
Wasser ist mein Blut,
Luft ist mein Atem
und Feuer mein Geist.

## Gebet zu den Elementargeistern

Kinder des Waldes, der Blumen und Hecken,
Kinder der Lüfte und des Windes,
Kinder des Feuers und der Glut,
Kinder der Bäche und Teiche,

an euch die Bitte,
an euch, die ihr gegangen seid,
an Euch die Bitte:
Kehrt zurück!

Denn seht,
die Erde schenkt nicht mehr,
der Wind hat keine Grenzen mehr,
die Fluten steigen,
das Feuer ist mißbraucht.

Freunde waren wir dereinst,
bevor wir Menschen glaubten,
Gott zu sein
und euch nicht zu vermissen.

Ach, wie haben wir geirrt!
Die Schönheit ist mit euch gegangen,
die Liebe und das Sanfte.
Härte ist jetzt überall.

Euch das Versprechen,
euch, die ihr zurückkehren möchtet,
euch das Versprechen,
den Geist und die Erde zu achten.

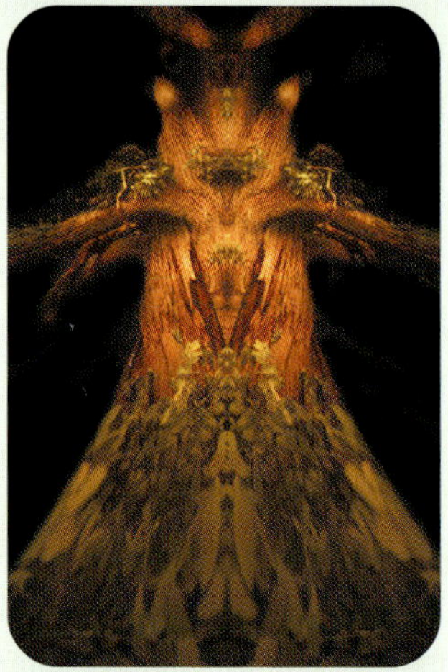

*Eingang zur Höhle*

# Die Erde

## Anrufung

Seid gegrüßt, Herrscher des Nordens,
sei gegrüßt, Herrin der Erde.

Ihr Bewohner der Felsen und Berge,
ihr Bewohner des Eises und der kalten Nebel,
ihr Bewohner der Bäume und Blumen.

Ihr Gnome und Trolle,
ihr Alben und Zwerge,
ihr Kobolde und Elfen.

Kommt in unsern Kreis,
seid in unsrer Mitte.

Schützt und begleitet unser Ritual,
segnet unser Tun,
und verleiht uns den Schild
der ehernen Ruh.

## Anfangsdunkel

Aus des Anfangs Dunkel
wuchs mein Geist
zum Licht empor,
strebend nach Einheit
mit dem Großen Geist.

## Die Mineralien

Bringen die Indianer Nordamerikas die glutheißen Steine in die Schwitzhütte, reden sie von ihnen als den Knochen der Mutter Erde und erweisen ihnen höchsten Respekt. Diese Steine dürfen anschließend keinem weltlichen Gebrauch mehr zugeführt werden und werden der Erde zurückgegeben.

Viele Menschen beschäftigen sich heute mit der Heilkraft der Steine. Sie wissen, daß sie einen Edelstein, den sie zur Heilung einsetzen, pflegen müssen. Tun sie das nicht, laden sie ihn nicht wieder auf und »übernutzen« ihn, stirbt er – er wird unansehnlich und verliert all seine Kraft.

Steine sind im schamanischen Verständnis Gedächtnisspeicher der Erde. Es ist uns Menschen möglich, auf dieses Gedächtnis zurückzugreifen, wenn wir eine Verbindung zu dem Stein herstellen. Dazu können wir z.B. beim Klang der Trommel die Stirn an einen Stein legen und ihm unsere Frage stellen. Gelingt uns die Verbindung, wird eine Informationsübertragung vom Stein zum Menschen erfolgen. Interessanterweise bildet das Mineral Silizium heute die Grundlage der Speicherchips in der Computertechnologie.

Diese Beispiele zeigen, daß wir es in der Welt der Mineralien nicht mit toter Materie zu tun haben. Auch die Steine leben. Denn alles, was ist, ist mit Geist beseelt. Wie Fäden, wie ein gewirktes Netz, durchzieht der Geist alles Seiende – das Unsichtbare ebenso wie Menschen, Tiere, Pflanzen, Materie, Erde.

*So ist mein Körper aus Erde, ein Teil der Erde, ist Mutter Erde.*

*So ist mein Geist aus Geist, ein Teil des Geistes, ist Großer Geist.*

Alles ist in Liebe verbunden. Wir alle sind eingebunden in das Große Geheimnis, und das Große Geheimnis ist in uns. Auch unser Tod ändert nichts daran.

## Die Pflanzen

Pflanzen sind, wie alle anderen Lebewesen auch, eng mit allen vier Elementen verbunden. Sie brauchen Wasser und Sonne zum Wachsen und Luft zum Atmen. Aber in erster Linie sind sie Kinder der Erde; in ihr sind sie fest verwurzelt, sie duften wie sie, und aus ihr erwächst ihr Körper. Sie werden schnell wieder zu Erde, wenn sie sterben, und bilden dann einen guten Nährboden für ihre Artgenossen. Sie sind unserer Mutter Erde näher als wir Menschen.

So hat auch die Botschaft, die sie für uns haben, viel mit der Erde zu tun. Bedingt durch unsere Natur, laufen wir Menschen Gefahr, abzuheben, nach den Sternen zu greifen, den Boden unter den Füßen zu verlieren ... schon unsere Sprache ist voll von darauf verweisenden Redewendungen. Aber es tut uns nicht gut, wenn wir im Lärm des Aufstiegs die Stimme der Erde überhören. Deshalb gehen wir in den Wald, in die Natur und suchen dort die Stille. Dort überkommt uns dann meist ein Gefühl von ... ja, Heiligkeit, Erhabenheit; wir werden still. Wir finden die Stille in uns und vernehmen die Botschaft der Erde, die uns von ihren nächsten Kindern, den Pflanzen, zugeraunt wird.

# Geschöpfe der Mutter Erde

**Ein Weg, sie zu finden**

Es gibt sie! Auch sie sind, wie die Pflanzen, Kinder der Erde. Aber sie sind beweglicher und zugleich verborgener. Dennoch können wir sie finden.

Es gibt Menschen – und es gab sie zu allen Zeiten – die eine besondere Gabe haben: Sie können die Spirits der Mutter Erde sehen. Sie haben diese Fähigkeit über die Kindheit hinaus bewahrt, denn als Kinder können wir das alle. Wir verlieren es nur im Lauf des Erwachsenwerdens, wir lernen, die Welt so zu sehen, wie sie im Konsens des technologisch geprägten Zeitalters gesehen werden soll. Da hat das kleine Volk keinen Platz.

Dennoch machen sich wieder viele auf die Suche nach den Naturgeistern, denn sie haben gespürt, daß uns etwas fehlt, daß unsere Welt arm ist ohne sie. Unsere Seelen verkümmern mit jeder Pflanze und jedem Tier, die wir ausrotten, mit jedem Geheimnis, das für immer verschwindet.

In den Märchen kommen sie noch vor. Erinnern wie uns: Wie vertraut waren uns diese Gestalten, die Elfen, Wichtel und Zwerge, in Kindertagen! Um sie wiederzufinden, können wir uns an jene Menschen wenden, die sich die Fähigkeit des Sehens bewahrt haben, und sie um Hilfe bitten. Oder wir können selbst in die Natur gehen, Stille in uns einkehren lassen, unsere Herzen öffnen, hinschauen und zuhören.

*Originalbild/Eifel*

**Virtuelle Annäherung an Pflanzen und Spirits**

- Optimale Arbeitsumgebung schaffen (Ungestörtheit, Entspannung etc.)
- Das Bild eines für dich besonderen Ortes einscannen (oder laden, falls es schon digital vorliegt).
- Das Bild betrachten. Den ***Eulenblick*** anwenden; dabei schaust du unfokussiert vor dich und versuchst, alles im 180°-Winkel deines Blickfeldes einzubeziehen.
- Nach einer Weile werden sich die Wesen zeigen.
- Das, was du gesehen hast, kannst du festhalten, indem du einzelne Bildpartien aufhellst oder abdunkelst (das kannst du auch mit einem Stift auf einem Foto machen).

Abendfriede
unrastende
Zwielichtstunde
Elfenwende
Unscharf das Reale
Traumesland
erweckt
durch Zauberhand

Um den Wesenheiten nicht meinen Willen aufzuzwingen, habe ich auf jegliches Hineinmalen in die Bilder verzichtet. Bearbeitet habe ich meine nichtgespiegelten Bilder, auf denen Geister zu sehen sind, nur mit den digitalen Werkzeugen zum Aufhellen und Abdunkeln, habe also lediglich das, was ich sah, durch die Verstärkung des Kontrasts zwischen Vorder- und Hintergrund deutlicher gemacht.

Wer, angeregt durch diese Bilder, einmal bei seinen eigenen Fotos diese meditative Methode des Geister-Erschauens anwendet, wird bald feststellen, daß sich immer mehr Wesen immer schneller zeigen, und das allmählich sogar ohne Bildbearbeitung. Der nächste Schritt wäre dann, daß du in die Natur gehst und das Ganze dort versuchst. Hier wird sich der gleiche Effekt einstellen: Dem Schauenden werden sich die Geister in Stein und Borke, in Ästen und Wellen, in Wolken und Feuer, vielleicht sogar in von Menschenhand Erschaffenem offenbaren. Wer es zur Meisterschaft bringt, dem wird die ganze Erde beseelt erscheinen, selbst Wüsten aus Eis, Sand und Stein, wahrscheinlich sogar mehr noch als andere Orte.

Aber die Geister sind nicht in allem zu finden. Manche Orte sind seltsam leer, auch wenn sie anfänglich vielversprechend aussehen. Andere wiederum sind über und über voll, wie bei einer Konferenz oder auf einem Marktplatz, wo sich alles zu einem Schwätzchen trifft. Sie hocken alle da, über- und durcheinander, ganz oder teilweise zu sehen, tier- oder menschenähnlich, grimmig oder freundlich. Ganz gewiß sind das keine langweiligen Orte, und manche verheißen Gemütlichkeit und Geborgenheit. Dort möchte man sich am liebsten dazusetzen und zuhören.

Wer weiß, vielleicht wollen die Geister ja genau das. Daß wir Menschen wieder lernen, ihnen zuzuhören, ihr Anderssein und -aussehen zu respektieren, ihre Plätze zu achten und zu schützen, das heißt die Dinge dort möglichst so zu belassen, wie sie sind, und nicht alles menschlichem Nützlichkeitsdenken unterzuordnen. Wir Menschen können nur gewinnen, wenn wir uns entschließen, wieder in Kenntnis und Achtung unserer spirituellen Mitgeschöpfe zu leben.

*Das Gesehene*

# Die Wichtelmänner

*(frei nach den Gebrüdern Grimm)*

Es war einmal ein armes Dienstmädchen, das war fleißig und reinlich, kehrte jeden Tag das Haus und schüttete jeden Tag den Kehricht auf einen großen Haufen vor der Tür.

Eines Morgens, als es eben den Kehricht ausleeren wollte, fand es einen Brief auf dem Haufen. Weil es nicht lesen konnte, stellte es Schaufel und Besen in die Ecke und brachte den Brief seiner Herrin. Die las ihn ihr vor, und es war eine Einladung von den Wichteln: Sie baten das Mädchen, Taufpatin eines Wichtelkindes zu sein.

Das Mädchen wußte nicht, was es tun sollte. Endlich, nach viel gutem Zureden seiner Herrin, die ihr sagte, daß sie solch eine Einladung nicht abschlagen dürfe, willigte es ein. Da kamen drei Wichtelmänner und führten es in einen hohlen Berg, wo ihr kleines Volk lebte. Und weil sie alle so klein waren, war dort auch alles klein, dabei gar zierlich und prächtig. Die Wichtelmutter lag in einem Bett aus schwarzem Ebenholz mit Knöpfen aus Perlen. Die Decken waren mit Gold bestickt, die Wiege, darin das Wichtelkind lag, war aus Elfenbein, seine Badewanne aus Gold.

Das Mädchen erfüllte seine Pflicht als Gevatterin und wollte dann wieder nach Hause gehen. Doch die Wichtel baten es inständig, doch drei Tage bei ihnen zu verweilen. Das Mädchen blieb und verlebte eine fröhliche Zeit, in der die Wichtel ihr alles taten, damit sie sich wohlfühlte. Als es sich endlich auf den Rückweg machen wollte, da steckten die Wichtel ihm die Taschen voll mit Gold und führten es zum Berg hinaus.

Als es nach Hause kam, nahm es seine Arbeit wieder auf. Es ergriff den Besen, der noch in der Ecke stand, und fing an zu kehren. Da traten Leute in den Raum, die ihr fremd waren. Sie fragten es, wer es sei und was es da tue. Nach vielem Fragen beiderseits stellte sich heraus, daß das Mädchen nicht drei Tage, wie es gemeint hatte, sondern sieben Jahre bei den Wichteln gewesen war, und seine einstige Herrin war mittlerweile gestorben.

## Raum und Zeit

Es ist typisch für die Beschreibung der Anderswelt, daß unsere Vorstellung von Raum und Zeit dort keine Gültigkeit hat. Es gibt viele Geschichten wie die von den Wichteln, die das zum Thema haben.

Diese schamanisch-heidnische Sicht, daß es eine Anderswelt gibt, in die man reisen und aus der man wiederkehren kann, wurde zum Teil auch in das christliche Geschichtengut übertragen. So in »Der Mönch von Heisterbach«, worin ein Mönch durch seine Gelehrsamkeit zum Zweifler (an Gott) wird. Eines Tages wird er von einem Vogel immer tiefer in den Wald geführt und schläft dort ein. Bei seiner Rückkehr ins Kloster muß er dann feststellen, daß inzwischen 300 Jahre vergangen sind.

## Holunder

Dort an dem alten Gemäuer
wächst der Holunder im Mai.
Dunkel und geborgen
sitz ich hier.

Da räkelt sich voll Lust in mir
mein inneres Tier
und fühlt sich wohl
unterm schützenden Dach.

Denkt an den Sommer,
und riecht den Duft.
Kennt die alten Mythen,
überwindet die Kluft.

Frei ist mein Geist.
Frei ist mein Herz.

## Mutter Erde

Dich spüre ich
unter meinen Füßen.

Dich spüre ich
um mich herum.

Dich spüre ich
in meinem Innern.

Aus dir
ist mein Leib.

Dich will ich ehren!
Mich will ich achten!

# Das Wasser

## Anrufung

Seid gegrüßt, Herrscher des Westens.
Sei gegrüßt, Herrin der Wasser.

Ihr Bewohner der Meere und Ozeane,
ihr Bewohner der Flüsse und Seen,
ihr Bewohner der Bäche und Teiche.

Ihr Undinen und Nixen,
ihr Nereiden und Quellnymphen.

Kommt in unsern Kreis,
kommt in unsre Mitte.

Schützt und begleitet unser Ritual.
Segnet unser Tun,
und verleiht uns den Kelch
der Heilung.

## Geist des Wassers

Geist des Wassers,
Wächter der Quelle.

Geist der Wasser,
Hüter der Schwelle.

Tor in das Reich
zum anderen Sein.

Erlaube mir Zutritt,
mein Wille ist rein.

Eine Antwort such' ich,
Heilung erbitt' ich.

Laß mich zum Wasser,
dort werd' ich heil.

Ein Geschenk für dich
Hab' ich.

Und kehr' ich zurück
aus dem andern Land

sing ich ein Lied dir
zum Dank.

## Lehren, die mir das Wasser erteilte

Schon vor einiger Zeit begannen meine menschlichen Lehrer mehr und mehr in den Hintergrund zu treten. Dafür erhielt ich meine An- und Unterweisungen zunehmend direkt von den Kräften der Natur. Von allen diesen ist mir das Wasser derzeit die größte Lehrerin. Meine nachfolgend geschilderten Erlebnisse hatte ich auf »klassischen« schamanischen Reisen.

### Erste Reise

Wir feierten das Fest der Göttin Ostara, den Frühlingsanfang um den 21. März herum. Mit einer kleinen Gruppe hatte ich mich nachts in einen Fichtenwald begeben, der durchzogen war von den tiefen Kerben eines kleinen Bächleins, das durch den Frühjahrsregen stark angeschwollen war. Wir lagen auf einer Halbinsel, die nahezu ganz vom Wasser umflossen wurde. Es war sehr dunkel, von den Bäumen fielen Tropfen, und der Bach sang sein gurgelndes Lied. Zum Klang der Trommeln reisten wir alle in die Mittlere Welt zu eben diesem Bach, zum Geist der Wasser.

Ich erhob mich aus meinem Körper, stieg die Böschung hinab und stellte mich mitten in das davonschießende Wasser. Ich sah, wie die Strömung alles mitnahm, alle möglichen Dinge: Sachen, die mir gehörten, aber auch Menschen, die zu mir kamen, ja sogar meine Lebenskraft. Ich fühlte Groll und Bitterkeit in mir. Es war ein Bild, das meine Gefühle zur Situation in der alltäglichen Wirklichkeit der letzten Zeit exakt beschrieb. Da sprach die Stimme des Wassers zu mir: »Wenn du das Gefühl hast, daß alles von dir wegfließt, so drehe dich einfach um, schau mir entgegen, und alles wird auf dich zufließen.«

Ich dankte dem Wasser für seine Lehre und ging in meinen

Körper zurück. Ich war tief beeindruckt von dieser einfachen Wahrheit, die mir in der Folgezeit geholfen hat, mein Leben wieder ins Lot zu bringen. Immer wenn ich glaubte, einen Verlust zu erleiden, erinnerte ich mich an das Bild des mir entgegenfließenden Wassers, das so viel Schönes für mich heranträgt.

### Zweite Reise

Nach einer einstündigen Wanderung durch den Wald erreicht man von unserem Haus aus einen kleinen Stausee. Dorthin ging ich einmal früh am Morgen mit einer Gruppe, die sich in schamanischen Techniken übte. Wir wollten zum Klang der Trommel mit der Bitte um Unterweisung zum Elementargeist Wasser in die Mittlere Welt reisen. Die Frage lautete: »Welche Lehren hat das Wasser für mich?«

Der Eintritt in die nichtalltägliche Wirklichkeit führte durch eine Nebelwand. Ich bewegte mich nach und nach tiefer ins Wasser hinein, ging aber stets erst dann weiter, wenn ich überall in mir Wärme spürte. Mein nicht deutlich fokussierter Blick folgte den morgendlichen Nebelfetzen über dem Wasserspiegel. Die ganze Zeit über sprach das Wasser zu mir. Als ich so tief hineingegangen war, daß ich das Gefühl hatte, nicht mehr weitergehen zu können, tauchte ich dreimal unter und jedesmal erhielt ich eine klare eindeutige Unterweisung des Wassers:

Erstes Eintauchen:
»Respektiere stets das Wasser!«
Zweites Eintauchen:
»Trinke kein vergiftetes Wasser!«
Drittes Eintauchen:
»Verwende das Wasser zur Heilung der Menschen!«

Ich hatte damit vom Wasser eine große Lehre und zugleich auch eine große Aufgabe erhalten.

Wasserdrachen, Drachenzähne.
Drachenland mit Drachenhöhlen.
Höhlendrachen in der Wasserwelt.

Ihr liegt, ihr liebt, ihr lebt
In eurem Wasserland.
Da tret ich jetzt ein
Und will euch reiten.

# Die Luft

## Anrufung

Seid gegrüßt, Herrscher des Ostens.
Sei gegrüßt, Herr der Lüfte.

Ihr Bewohner der Stürme und Orkane,
ihr Bewohner des leisen Abendhauchs,
ihr Reiter auf den vier Winden,
ihr Drachen und Sylphen.

Kommt in unsern Kreis,
kommt in unsre Mitte.

Schützt und begleitet unser Ritual.
Segnet unser Tun,
und verleiht uns das Schwert
der klaren Unterscheidung.

*Anemone, auch Buschwindröschen – anemos (griech.) heißt »Wind«*

Großes Geheimnis,

trete ich vor dich in der Frühe,
spüre ich tief in meiner Seele
deinen Atem.

Wild bewegt der Wind
die Pappeln.
Sturm treibt schwere Wolken
vor schimmernden Lichtkanälen.

Ein grauer, wilder Tag!
Ich sehne mich
Nach den Zeiten der Jagd

# Das Feuer

## Anrufung

Seid gegrüßt, Herrscher des Südens.
Sei gegrüßt, Herr des Feuers.

Ihr Tänzer der Gluten,
ihr Bewohner der Flammen,
ihr im feurigen Innern der Erde.

Ihr Salamander und Sonnenwesen.

Kommt in unsern Kreis,
kommt in unsre Mitte.

Schützt und begleitet unser Ritual.
Segnet unser Tun,
und verleiht uns den Stab
der magischen Kraft.

## Aus dem germanischen Schöpfungsmythos

*Urkalte Nebel beherrschten im finsteren Norden Niflheim und Feuer im Süden Muspelheim. Von Nebelheim kam ein gewaltiges Tosen. Das waren Wasser aus einem unaufhörlich fließenden Brunnen, die sich nach Süden wälzten, um die gähnende Leere zu füllen. In der großen Kälte erstarrten die herabstürzenden Wassermassen zu Eis, bis sie den Abgrund zwischen den Reichen gefüllt hatten. Feuerfunken regneten da aus Muspelheim herab und schmolzen das Eis. Wasser und Feuer mischten sich, und in der Gärung entstand Leben.*

# Die Schwitzhütte

**Die Schwitzhütte als Verbindung aller Elemente, Wesen und Kräfte**

Die Schwitzhütte ist eine wirkungsvolle Zeremonie, in der wir mit den Wesen und Kräften der Natur feiern, sie mit uns verbinden, sie in uns und um uns wandeln, ihre Kraft und Heilung erfahren können.

Dies ist die Beschreibung einer Schwitzhüttenzeremonie, die vom indianischen Vorbild leicht abgewandelt ist. Es gibt Parameter, die geändert werden können und die zu ändern sinnvoll erscheint. So wird im dritten Durchgang bei den Crow-Indianern Montanas für die 10 Clans ihres Volkes gebetet. Sich hier genau an die Vorgabe zu halten ist z.B. nicht nötig. Es macht jedoch Sinn, sich diesen Dingen nicht in irgendeiner Form berauscht zu nähern. Hier sollten wir den Indianern folgen. Was geändert werden kann und was nicht, liegt letztlich an uns, wobei wir uns immer von Respekt und Feingefühl leiten lassen sollten.

Die Form der Hütte stellt die Kuppel der Welt dar. In der Hütte ist die ganze Welt vertreten:

- Das Feuer der Sonne ist im Holz gespeichert.
- Die Steine sind die Knochen der Mutter Erde.
- Das Wasser erscheint als Aufguß.
- Die Luft wird sichtbar, wenn das Wasser beim Auftreffen auf die heißen Steine verdampft.

Auch das Große Geheimnis und die Geister sind anwesend, denn die Form der Hütte verkörpert auch den Bauch der Mutter Erde und ihre Geschöpfe:

- Die Steine, die wir begießen.
- Die Pflanzen, die wir räuchern.
- Die Tiere, deren Felle die Hütte bedekken.
- Die Menschen, die in Harmonie beten.

Gereinigt werden wir unter dem Licht der Sterne wiedergeboren.

**Die Menschen**

Jene, welche die Zeremonie leiten, verfügen über die notwendige Erfahrung, andere durch das Tor der Hitze, Enge und Dunkelheit in die andere Welt zu führen und auch wieder zurückzubringen.

**Der Platz**

Die Feuerstelle, die Hütte und den Altar – das ist die Erde aus der Grube in der Mitte der Hütte, die zwischen Feuerstelle und Hütte gelegt wird – verbindet eine Linie in Ost-West-Richtung, der Pfad der Geister. Auf dem Altar werden Räucherwerk, Trommel, die heilige Pfeife und andere Ritualgegenstände, aber auch Brillen und Schmuck abgelegt.

**Der Ablauf**

Die Zeremonie besteht aus insgesamt vier Runden, eine für jedes der vier Elemente. Zunächst werden die Steine in der Feuerstelle unter Aufsicht der hierfür verantwortlichen Feuerleute erhitzt, bis sie rot glühen. Zu jeder Runde werden sieben neue Steine hereingebracht, so daß am Ende 28 Steine in der Grube liegen, welche die Anzahl der Tage des Mondmonats darstellen, so daß die Kraft des Mondes ebenfalls anwesend ist.

### Respekt

Wir erweisen den Steinen unsere Achtung, indem wir aufrecht sitzen bleiben, wenn sie in die Hütte gebracht werden, und den Geistern, indem wir während ihrer Anwesenheit schweigen, und den anderen Menschen, indem alles in der Zeremonie Gesprochene in der Hütte bleibt.

### Erste Runde: der Osten

Hier, wo der Punkt des Sonnenaufgangs ist, beginnt der Tag und ebenso die Zeremonie. Wir rufen unsere Schutzgeister, Krafttiere, Schutzengel und alle Geister, die wir persönlich verehren. Wir stellen uns die Kraft der Himmelsrichtung vor und wählen dazu als Symbol, im Falle des Ostens, dem die Luft zugeordnet ist, vielleicht den Adler, den Herrscher der Winde. Wir singen ihm ein Lied, z.B. »Fly like an eagle«.

Anschließend beten wir, alle zusammen oder reihum im Sonnenlauf, formulieren unseren Dank für und unsere Bitte um die Gabe des Elements Luft, die Fähigkeit der klaren Unterscheidung, erzählen von den Problemen, die wir damit haben, bitten um Hilfe. Alles, was wir mit diesem Element verbinden, und das gilt auch für neue Projekte oder Vorsätze, kann in unser Gebet einfließen.

Nach einem weiteren Lied wird die Runde beendet, von außen das Tor geöffnet, so daß frische Luft und angenehme Kühle in die Hütte kommen können. Wir bleiben an unseren Plätzen.

### Zweite Runde: der Süden

Wir stellen uns die Kraft des Südens vor, dem das Feuer zugeordnet ist und der Mittag, wo die Sonne am höchsten steht. Als Symbol können wir den Löwen, den Feuerdrachen oder, wie die Cheyenne, den Kojoten wählen. Im Süden geht es um unser geistiges Feuer, um unsere Kraft, um unsere magischen Fähigkeiten und darum, wie wir die Welt bewegen können. Aber es geht auch um das Feuer direkt, die Sonne, die Leben spenden oder ausdörren kann, und um das plutonische Feuer, das in den Atomen brennt. Wir danken dem Feuer, das uns wärmt und unser Essen gart.

### Dritte Runde: der Westen

Im Westen, woher der Regen kommt, wohnt bei den Lakota-Indianern der Donnervogel und bei den Europäern die Schlange. Im Westen geht die Sonne unter. Das ist der Ort, wo Dinge vollendet werden, wo sich ihre Bedeutung ändert, wo anders gewichtet wird. In dieser Runde können wir über unseren Tod nachdenken und über Heilung. Wir singen diesen Kräften ein Lied, z.B. »I am a circle, I am healing you«.

### Vierte Runde: der Norden

Mitternacht oder Winter sind die zeitlichen Zuordnungen des Nordens. Hier wird Geduld von uns gefordert, und wir bitten um den Schild der ehernen Ruhe. Der Norden steht auch für die Materie, das Stoffliche für die Anhaftung, die es zu überwinden gilt. Es ist die Runde für die Erde, der wir viele schöne Lieder singen können, z.B. »Mother I feel you under my feet, ancient Mother«.

### Schluß

Zum Schluß bedanken wir uns bei den Geistern, die wir gerufen haben, und verabschieden sie.

# Blumenwesen

# Anhang

Praktische Anleitung zum Arbeiten mit der Methode
Mit Erklärungen Schritt für Schritt

**1. Arbeit mit dem Spiegel in der Natur**

1.1 Um die Wesen an einem Ort sichtbar zu machen, brauchst du einen Spiegel mit gerader Schnittfläche (Abb. 1).

1.2 Fahre mit dem Spiegel über die Landschaft, die Baumrinde, die Blüten, die Steine ... (Abb. 2/3)

1.3 Schaue dabei auf die Schnittfläche an der alltägliche Wirklichkeit und gespiegelte Wirklichkeit aufeinandertreffen. Denn die eine Seite der Wesen ist in der alltäglichen Wirklichkeit und die andere Seite in der nichtalltäglichen Wirklichkeit. Werden die beiden Hälften zusammengefügt, so erhältst du einen Einblick in die Anderswelt, und du kannst andeutungsweise erkennen, wo die Tore sind und wo die Wesen sitzen (Abb. 4).

1.4 Nimm nun den Spiegel weg, und laß die Natur um dich herum noch einmal auf dich wirken; schau, was du jetzt im Vergleich zu vorher noch siehst.

*Abb. 1*

*Abb. 2*

Abb. 3

Abb. 4

Die Technik hilft, den Verstand zu überlisten:

Der Verstand glaubt immer nur das, was er sehen, messen und berechnen kann. So ist er oft ein Hindernis, wenn wir mit der unsichtbaren, der anderen Welt kommunizieren wollen. Kann er nach Anwendung von Rolands Methode nun auf einem Bild oder in der Landschaft die Wesen erkennen, so beginnt er, sich zu weiten und zu glauben, weil er sieht. Nimmst du den Spiegel wieder weg und schaust auf das Bild in seiner ursprünglichen Form, so ist das gesehene Wissen im Verstand gespeichert und jetzt auch ohne Spiegel immer deutlicher erkennbar.

Je intensiver du dich vorbereitest, desto mehr öffnen sich dir die Wesen, die Tore und die Anderswelt. Du kannst dich z.B. vorbereiten, indem du dir Zeit nimmst und zur Ruhe kommst, dich entspannst und den Ort, den du gewählt hast, auf dich wirken läßt. Oder indem du räucherst, singst, tanzt, die Rassel schwingst oder die Trommel schlägst. Oder indem du die Wesen bittest, sich dir zu zeigen ... – Eben einfach, indem du den Kontakt auf deine Weise suchst, bevor du anfängst, mit dem Spiegel zu arbeiten. Achte besonders auf die Wahrnehmung deiner Sinne, auf Wärme und Kälte, Licht und Schatten, Düfte und Gerüche, Bewegungen und Regungen, Zeichen und Gefühle.

**2. Arbeit mit Foto und Spiegel**

2.1 Fotografiere die Natur, deinen Kraftort, das, was dich in der Natur besonders anzieht (Abb. 5).

2.2 Wenn die Bilder entwickelt sind, fahre mit dem Spiegel langsam, fast meditativ über das Bild. (Abb. 6.1 bis 6.9). So kannst du die Stellen entdecken, an denen sich Wesen aufhalten. Ziehe den Spiegel in verschiedenen Winkeln über das Bild. Anhand dessen, was sich durch die Spiegelung auftut, kannst du die Geister und Eingänge in die Anderswelt finden und erkennen, ob du es an diesem Platz mit kraftvollen, freundlichen, düsteren oder fröhlichen Geistern zu tun hast.

2.3 Nimm den Spiegel wieder weg, und betrachte das Foto noch einmal. Mit Sicherheit wirst du jetzt das, was du mit dem Spiegel gesehen hast, und noch viel mehr entdecken, was dir beim bloßen Betrachten des Bildes nicht aufgefallen wäre.

*Abb. 5*

*Abb. 6.1*

*Abb. 6.2*

*Abb. 6.3*

*Anmerkung:*

Die Arbeit mit dem Spiegel ist eine gute Vorbereitung für die Bild- und Computerbearbeitung.

*Abb. 6.4*

*Abb. 6.5*

*Abb. 6.6*

*Abb. 6.7*

*Abb. 6.8*

*Abb. 6.9*

**Arbeit am Computer**

- Laß das Foto, das du jetzt bearbeiten möchtest, auf dich wirken (Abb. 7).
- Fahre mit dem Spiegel darüber und schaue, wo dich dabei Wesen anschauen (siehe »Arbeit mit Foto und Spiegel«).
- Merke dir diese Stelle.
- Scanne das Foto ein, bzw. lade das entsprechende Bild, wenn es bereits digitalisiert ist.
- Teile das Bild an den zuvor gekennzeichneten Stellen.
- Spiegele es, und füge es längs der Schnittachse wieder zusammen (Abb. 8.1–8.5).
- Wenn du in der Bildbearbeitung am Computer geübt bist, kannst du an den verschiedensten Stellen des Bildes so vorgehen, um die Geister sichtbar zu machen.

*Abb. 7*

*Abb. 8.1*

*Abb. 8.2*

*Abb. 8.3*

Abb. 8.4

Abb. 8.5

Eine weitere Möglichkeit ist, das Bild wieder in der Originalversion zu nehmen und die Geister, die du entdeckt hast, mit Licht und Schatten aus dem Hintergrund herauszuarbeiten (Abb. 9).

Abb. 9

Roland Scholz
Forsthaus-Scheuren
53 902 Bad Münstereifel

Tel. (0 22 57) 95 900 27
Fax: (0 22 57) 95 900 28
forsthaus-scheuren@t-online.de

Schamanisch Reisen mit CDs vom lesen, fliegen, landen Schirner Verlag

**Kurzanleitung für eine schamanische Reise** *(diese Anleitung finden Sie in beiden der hier vorgestellten CDs)*

1. Suchen Sie sich einen Platz, an dem Sie für die von Ihnen festgelegte Zeit ungestört bleiben – also: Telefon aus, Handy aus, Klingel aus etc.
   Wenn Sie nicht die ganzen 60 Minuten reisen wollen, programmieren Sie Ihren CD-Player entsprechend oder stellen Sie sich einen Wecker. Ein Ihnen bekanntes „Weckgeräusch" ist in jedem Fall gut, um Sie aus der Trance wieder zurückzuholen.
2. Machen Sie es sich gemütlich: Vielleicht wollen Sie die Vorhänge zuziehen, eine Kerze anzünden, ein Duftlicht brennen lassen ... Was immer Sie unterstützt!
3. Legen Sie sich hin, und, wenn Sie leicht frieren, wickeln Sie sich in eine Decke. Entspannen Sie sich. Schließen Sie die Augen (es kann hilfreich sein, wenn Sie sich eine Augenbinde oder ein Tuch über die Augen legen).
4. Überlegen Sie: Weshalb machen Sie diese Reise? Was wollen Sie erfahren? Versuchen Sie, Ihr Ziel in Gefühl und Verstand genau zu erfassen.
5. Starten Sie die CD (Fernbedienung wäre geschickt).
6. Stellen Sie sich nun vor Ihrem geistigen Auge vor, daß Sie in der Natur sind. Wenn Sie einen inneren Kraftplatz haben, gehen Sie dorthin, oder stellen Sie sich einen Ihnen bekannten Ort vor, den Sie mögen. Rufen Sie Ihr Schutzwesen, und bitten Sie es, Sie auf dieser Reise zu begleiten und auf Sie aufzupassen. Erfassen Sie noch einmal das Ziel Ihrer Reise.
   Finden Sie nun einen Eingang in die Erde – lassen Sie die Bilder zu, die entstehen: Ein Tunnel in die Erde; eine Tür in einem Baum, in dem eine Treppe nach unten führt; eine Rutschbahn in einer Höhle ... oder nehmen Sie einen Eingang, den Sie kennen.
7. Gehen Sie durch den Eingang. Folgen Sie dem Weg. Lassen Sie zu, was Ihnen geschieht, genießen Sie die Reise. Begegnen Ihnen Wesen, sprechen Sie mit ihnen – wenn sie Ihnen nichts zu sagen haben, werden sie wieder verschwinden. Ist es Ihre erste Reise, suchen Sie nach Ihrem Krafttier – es wird Ihnen dann auf Ihren weiteren Reisen meist wieder begegnen und Sie begleiten. Ihr Krafttier erkennen Sie daran, daß es sich Ihnen von allen Seiten zeigt und mindestens dreimal auftaucht. Mit ihm können Sie Ihr Anliegen besprechen. Entweder es kann Ihnen selbst weiterhelfen, oder es wird Sie dort hinführen, wo Sie eine Antwort finden. Wurde Ihnen weitergeholfen, bedanken Sie sich. Haben Sie einmal keine Antwort erhalten, ist der richtige Zeitpunkt noch nicht da. Spüren Sie, daß die Reise vorbei ist (die Wesen lösen sich auf oder kehren sich ab, gehen fort etc.), bedanken Sie sich bei allen, die Ihnen begegneten. Kehren Sie zu dem Eingang, durch den Sie gekommen sind, zurück. Treten durch ihn wieder hinaus ins Hier und Jetzt. Bedanken Sie sich bei Ihrem Schutzwesen. Öffnen Sie die Augen, schauen Sie sich um; spüren Sie Ihren Körper, strecken Sie sich, nehmen Sie Ihre Umwelt wahr.
8. Denken Sie über Ihre Reise nach. Vielleicht schreiben Sie auch auf, was Sie erlebt haben, um sich zu einem späteren Zeitpunkt noch einmal über alles klarwerden zu können.

Gute Reise!

Michael Reimann: **Trance-Trommel Vol.1**
*Handgeschlagener Trommelrhythmus*
*für schamanische Reisen: 120 Doppelschläge/Min*
Spielzeit 60 Min.
€ 15,30/sFr 27,70*
ISBN 3-89767-135-2

Michael Reimann: **Trance-Trommel Vol.2**
*Handgeschlagener Trommelrhythmus*
*für schamanische Reisen: 90 Doppelschläge/Min.*
Spielzeit 60 Min.
€ 15,30/sFr 27,70*
ISBN 3-89767-136-0

## Weitere Titel im Schirner Verlag

Jeanne Ruland
**Das große Buch der Engel**
*Namen, Geschichte(n) und Rituale*

392 S., Paperback
€ 18,50 [D]/sFr 31,50
ISBN 3-89767-081-X

Über 1400 Engelnamen, ihre Bedeutung und Zuordnung sowie vieles mehr, was Sie über Engel wissen wollen: Was essen Engel? Leben Engel ewig? Wie entstehen Engel? Wie können wir mit Ihnen in Verbindung treten und ihre lichte Kraft in unserem Leben aktivieren? Dazu und zu vielen anderen Themen finden Sie Antworten in diesem umfangreichen Grundlagenwerk .

Iris Rinkenbach & Bran O. Hodapp
**Gegenzauber-Set**
*inkl. Schutz-Amulett aus Zinn/Zink*
56 S., s/w-illustriert
Ringheftung, 150 x 115 mm
€ 15,30 [D]/ sFr 26,40
ISBN 3-89767-070-4
Sofort anwendbare Techniken zum Schutz gegen magische Angriffe

Amulett (∅ 3 cm) einzeln:
€ 12,30[D]/sFr 22,70
ISBN 3-89767-077-1

Michael Reimann
**Ich lerne trommeln**
*inkl. Übungs-CD mit 21 Hörbeispielen*
80 S., zahlr. s/w-Abb.,
Ringheftung, 175 x 175 mm
€ 20,40 [D]/sFr 34,50
ISBN 3-930944-95-2
Trommeln lernen, selbst ohne Trommel!
Ein leicht verständlicher Leitfaden zum Erfolg für angehende Trommelkünstler.

Jeanne Ruland & Iris Merlino
**Die lichte Kraft der Engel**
Set aus Buch
und 56 farbigen Karten
Buch: 288 S., Paperback
Karten: 70 x 110 mm
€ 30,60 [D]/sFr 53,–
ISBN 3-89767-071-2

Die inspirierende Kraft der Engel macht das Leben von uns Menschen lebendiger, klarer und glücklicher. Über die 56 Karten mit ihren Erläuterungen und Ritualen sowie den Legemethoden gelingt es, ihre gewaltig wirkenden göttlichen Kräfte in unser Leben einzubinden und dadurch Schutz, Erleuchtung und tiefe Einsichten zu erleben.

Jeanne Ruland & Iris Merlino
**Die Gegenwart der Meister**
Set aus Buch
und 56 farbigen Karten
Buch: 304 S., Paperback
Karten: 70 x 110 mm
€ 30,60 [D]/sFr 53,–
ISBN 3-89767-075-5

56 Meister und Meisterinnen (darunter Jesus, Buddha, Zarathustra, Mutter Maria, Isis, Tara, Quan Jin ... ), ihre Leben und ihr Wirken werden hier mit Botschaft und praktischen Übungen dargestellt. Sie zeigen uns den Weg zum vollen Umfang unserer Möglichkeiten und Fähigkeiten. Hat nicht Jesus gesagt: „Das, was ich kann, und noch viel mehr kann jeder von euch vollbringen".

Jeanne Ruland & Iris Merlino
**Im Reich der Naturgeister**
Set aus Buch
und 56 farbigen Karten
Buch: 304 S., Paperback
Karten: 70 x 110 mm
€ 30,60 [D]/sFr 53,–
ISBN 3-89767-076-3

Hier vorgestellt werden 56 Natur- und Elementarwesen, ihre unterschiedlichen Wirkungsbereiche, ihre Stärke, Aufgaben und Weisheit, die sie dem Menschen bringen können. Durch spielerische Variationen lassen sich erfrischende, erheiternde, nützliche Inspirationen für den Alltag erfahren, die uns zurück zu unserem Ursprung führen und zu den noch unbekannten in uns schlummernden Schätzen.

Heike Owusu
**Symbole der Indianer Nordamerikas**
320 S., s/w-illustriert, Paperback
€ 15,30 [D]/sFr 26,40
ISBN 3-930944-19-7
Über 300 Symbole nordamerikanischer Indianerstämme als Vermittler einer zeitlosen Wahrheit

Sabine Heinz
**Symbole der Kelten**
320 S., s/w-illustriert, Paperback
€ 15,30 [D]/sFr 26,40
ISBN 3-930944-33-2
Das Vermächtnis eines geheimnisumwitterten alten Volkes erläutert anhand von über 50 Symbolen

Markus Schirner
**Aroma-Öle**
*Beschreibungen und Anwendungen von über 200 ätherischen Ölen*
320 S., s/w-illustriert
Paperback, 144 x 190 mm
€ 15,30 [D]/sFr 26,40
ISBN 3-89767-121-2
- Beschreibung von über 200 Duftessenzen und Pflanzenölen
- Angaben zur Wirkungsweise, wann sie Anwendung finden (inkl. Warnhinweis), was Sie beim Einkauf beachten müssen
- Alphabetischer Index der Symptome und Krankheitsbilder zur Zuordnung des passenden Öls

Felicitas H. Nelson
**Symbolsprache der Talismane & Amulette**
272 S., s/w-illustriert, Paperback
€ 15,30 [D]/ sFr 26,40
ISBN 3-930944-42-1
Ein Führer durch unsere an Glücksbringern und Schutzamuletten reiche Welt mit Beschreibungen von über 200 Symbolen

Sonja Heider
**Handbuch der Heilsteine**
*Beschreibung, Verwendung und Reinigung von 150 Heilsteinen*
ca. 300 S., 150 farbige Abb., Paperback
€ 20,40 [D]/sFr 34,50
ISBN 3-89767-091-7
Ein Nachschlagewerk zum Einsatz von 150 Steinen zur Heilungsunterstützung; mit umfangreichem Index zur Zuordnung der Steine zu verschiedenen Krankheitsbildern

Christine Stecher
**Mantras**
*Die Sprache der Götter*
254 S., Paperback, 144 x 190 mm
€ 15,30 [D]/sFr 26,40
ISBN 3-89767-114-X
- Erläuterung der Wirkungsweise von Mantras
- Übungsanleitung zum Einsatz von Mantras
- Lexikon mit Mantras aus verschiedenen Kulturkreisen

Franx X. Huber & Anja Schmidt
**Das große Buch vom Räuchern**
352 S., farbig-illustriert
Paperback, 162 x 220 mm
€ 20,40 [D]/sFr 35,90
ISBN 3-89767-138-7
- Über 70 Rezepte für verschiedene Lebenssituationen
- Kleines Lexikon der Räucherstoffe (inkl. Abbildungen)
- Kleine Geschichte des Räucherns, Einkaufstips & Einsatzmöglichkeiten

Bran O. Hodapp & Iris Rinkenbach
**Das große Buch der Drachen**
256 S., farbig-illustriert
Paperback, 162 x 220 mm
€ 20,40 [D]/sFr 35,90
ISBN 3-89767-112-3
Drachen faszinieren seit vielen Jahrtausenden in vielen Kulturen. Hier finden Sie neben einer Einführung ins Thema Drachen und ihre Bedeutung zahlreiche Drachengeschicheten mit liebevoll gestalteten Bildern.

Margit Dahlke & Ruediger Dahlke

**Meditations-Führer**

*Finden Sie die für Sie richtige Meditations-Methode*

400 S., Paperback

€ 15,30 [D]/sFr 26,40

ISBN 3-930944-83-9

Vorgestellt werden über 130 verschiedene Meditationsformen, geordnet nach Sternzeichen – so finden Sie die passende Methode zur gerade vorherrschenden Energie.

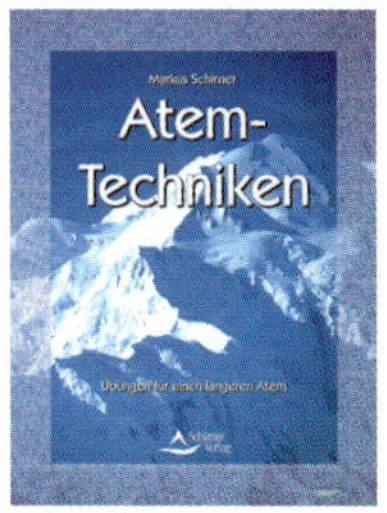


Markus Schirner

**Atem-Techniken**

*Übungen für einen längeren Atem*

ca. 220 S., s/w-illustriert, Paperback

€ 12,70 [D]/sFr 22,30

ISBN 3-89767-074-7

Eine übersichtliche Zusammenstellung der verschiedenen Techniken mit praktischen Anleitungen zur Umsetzung

Iris Rinkenbach & Bran O. Hodapp

**Magischer Gegenzauber**

*Ein Lehr- und Arbeitsbuch zum Schutz vor negativen Energien*

ca. 300 S., s/w-illustriert, Paperback

€ 15,30 [D]/ sFr 26,40

ISBN 3-89767-069-0

- *Einführung* in das magische Weltbild
- *Hintergründe*: Gut und Böse, Exorzismus, Schwarze Magie/Weiße Magie, Magische Orden und Geheimbünde
- *Übungen*: Schutzmaßnahmen, Erste Hilfe, Spirituelle Alchemie

Heike Owusu

**VooDoo-Rituale**

304 S., s/w-illustriert, Paperback

€ 15,30 [D]/ sFr 26,40

ISBN 3-930944-99-5

Voodoo ist Magie. Hier finden Sie notwendiges Hintergrundwissen und Hinweise zur praktischen Arbeit sowie Anleitungen zum Schutz vor spirituellen Angriffen.

Marielu Lörler

**Hüter des alten Wissens**

*Schamanisches Heilen im Medizinrad*

352 S., s/w-illustr., Paperback

€ 15,30 [D]/ sFr 26,40

ISBN 3-89767-072-0

Schamanismus erläutert im Rahmen von Aufbau und Verwendung des Medizinrads

Igor Warneck

**Ruf der Runen**

232 S., s/w-illustriert, Paperback

€ 12,70 [D]/ sFr 22,30

ISBN 3-89767-086-0

In diesem Buch werden die Geheimnisse der Runen enthüllt, jener uralten Symbole zur Ergründung der Welt. Ihre Energie, mit reinen Zielen angewandt, vermag positive Kräfte in unserem Alltag zu mobilisieren und uns den Zugang zur Welt hinter unserer Wirklichkeit zu öffnen. Anleitungen zur Herstellung von Runensteinen, die Beschreibung des Runentanzes sowie eine kleine Götter- und Festtagskunde runden das Werk ab.

Amy Sophia Marashinsky & Hrana Janto

**GÖTTINNEN-Geflüster**

*Mit Orakel und Ritualen zur eigenen Kraft*

Set aus Buch und 52 farbigen Karten

Buch: 304 S., Paperback

Karten: 95 x 113 mm

€ 30,60 [D]/sFr 53,–

ISBN 3-930944-89-8

Tauchen Sie ein in die Welt der Großen Göttin, von deren Erscheinungsformen Sie hier 52 vorgestellt finden – jede mit Bild, Anrufung, Geschichte, Deutung und Ritual sowie einprägsamen Legemethoden.

Anne L. Biwer

**Handlesen**

*auch für Kinderhände*

*– Einführung und Deutung –*

176 S., Paperback, zahlreiche s/w-Abb.
€ 10,50 [D]/sFr 18,40
ISBN 3-89767-079-8

Das Studium der Hand ist eine der ältesten Wissenschaften der Menschheit. Es hat nichts mit Mystik zu tun; jeder kann eine Persönlichkeit anhand ihrer Hände analysieren. Das ist eine Methode, mit der wir uns selbst besser kennenlernen können. Gleichzeitig ist es auch eine große Hilfe im Alltag, weil wir durch das Handlesen beispielsweise auch einen Gesprächspartner schneller einschätzen können.
Im Kapitel über Kinderhände, das viele neuere Erkenntnisse enthält, finden Sie auch Hinweise darauf, wie Kindern bei Entwicklungsschwierigkeiten geholfen werden kann, und es zeigt: die Kinder der Jahrtausendwende sind anders!

Anne L. Biwer

**Die Kipper-Wahrsagekarten**

*Deutungen und Legemethoden*

192 S., s/w-Abb., Paperback
€ 10,50 [D]/sFr 18,40
ISBN 3-89767-113-1

Mit den Kipperkarten kann jeder Interessierte das Kartenlegen erlernen! Die beschrifteten Karten sprechen zeitlose Probleme an, die Bilder wirken fast durchweg freundlich und wecken keine Ängste. Und so sind auch die Antworten, die dem Fragesteller gegeben werden können, deutlich und positiv.

Spielkarten Altenburg

**Kipper-Wahrsagekarten**

36 farbige Karten, 57 x 89 mm
€ 7,60/sFr 14,85*
ISBN 3-89767-124-7

*unverbindl. Preisempfehlg.

Anne L. Biwer

**Zigeuner-Wahrsagekarten**

*Kartenlegen für Einsteiger*

153 S., 52 s/w-Abb., Paperback
€ 10,50 [D]/sFr 18,40
ISBN 3-930944-68-5

Die Zigeuner-Wahrsagekarten sind ein sehr altes Volksorakel, das bis heute gern verwendet wird, da es durch die klare Bildsprache der Karten zu deutlichen Aussagen führt. So eignen sich die Karten ganz besonders für Menschen, die gerade mit dem Kartenlegen beginnen, und für Fragesteller, die eine eindeutige Antwort bevorzugen.

Piatnik

**Zigeuner-Wahrsagekarten**

36 farbige Karten, 57 x 89 mm
€ 6,60 (DM 12,91/öS 97,–) sFr 12,90*
ISBN 3-930944-77-4

Anne L. Biwer

**Die Lenormand-Karten**

*Deutungen und Legemethoden*

173 S., 154 s/w-Abb., Paperback
€ 10,50 [D]/sFr 18,40
ISBN 3-930944-96-0

Vorgestellt werden alle 36 Karten aus vier verschiedenen Kartendecks nebst ihren verschiedenen Deutungsebenen. Außerdem finden Sie hier alle geeigneten Legemethoden: Keltisches Kreuz, Fragespiel, Wegweiser, Großes Bild und – ganz neu – der Karmaspiegel, eine Legeform zur Ermittlung des Karmaeinflusses auf das gegenwärtige Leben.

Piatnik

**M^lle Lenormand Wahrsagekarten**

36 farbige Karten, 57 x 89 mm
€ 7,60 (DM 14,86/öS 112,) sFr 14,85*
ISBN 3-89767-029-1

ASS

**Lenormand Wahrsagekarten**

*mit Kartenbildern*
ISBN 3-89767-028-3

*mit Versen*
ISBN 3-89767-028-3

jeweils 36 farbige Karten, 57 x 89 mm
€ 7,60 (DM 14,86/öS 112,) sFr 14,85*